D1695833

©	Verlag Zabert Sandmann GmbH Steinhagen 3. Auflage 1988
Konzept und Realisation	Arnold Zabert
Redaktion	Klaus Schneider Marietta Tannert Sönke Knickrehm
Kochstudio	Hermann Rottmann
Grafische Gestaltung	Hartwig Kloevekorn
Fotografie	Arnold Zabert Walter Cimbal Jörn Rynio
Herstellung	Hans-Werner Jung
Lithografie	Kruse Reproduktionen, Vreden
Satz	Typografika, Bielefeld
Druck	Industrie- und Werbedruck Beyer, Herford
Bindung	Paderborner Druck Centrum, Paderborn

Verlag Zabert Sandmann
Patthorster Str. 127, 4803 Steinhagen
Telefon 0 52 04 / 33 83
Telex 9 37 858 vzasa d
Telefax 0 52 04 / 8 03 31
ISBN 3-924678-02-2

CIP-Kurztitelaufnahme der Deutschen Bibliothek:
Zabert, Arnold:
KOCHEN — Die junge Schule (Fotogr. Arnold Zabert;
Walter Cimbal; Jörn Rynio)
Steinhagen: Zabert Sandmann, 1986

Inhalt

Was dieses kleine Kochbuch so groß macht	10– 11
Das ABC der Küchensprache	12– 15
Worauf es bei Töpfen und Pfannen ankommt	16– 17
Worin gegart wird: Die Grundausstattung	18– 19
Von Herden und Maßen	20
Von Pannen und Kniffen	21
Wissenswertes über das Säubern und Zerkleinern	22– 29
Gemischter Salat	30– 33
Marinierte Auberginen mit Röstbrot	34– 37
Tomatensuppe mit Fleischklößchen	38– 41
Erbsensuppe mit gerösteten Weißbrotwürfeln	42– 45
Überbackene Zwiebelsuppe	46– 49
Linseneintopf mit Kochmettwurst	50– 53
Ratatouille	54– 57
Gemüsegratin	58– 61
Kartoffelgratin	62– 65
Spargel mit Schinken und Kräuter-Ei-Butter	66– 69
Blumenkohl mit Bröselbutter, Frikadellen und Salzkartoffeln	70– 73
Spinat mit pochiertem Ei und Kartoffelpüree	74– 77
Rahmpilze mit Semmelknödeln	78– 81
Spaghetti mit Bologneser Sauce	82– 85
Tortellini in Käse-Sahne-Sauce mit Tomaten-Basilikum-Salat	86– 89
Nudelauflauf	90– 93
Heringstopf „Hausfrauenart" mit Pellkartoffeln	94– 97
Pochiertes Kabeljaukotelett mit Senfsauce und Salzkartoffeln	98–101
Forelle in Folie	102–105
Miesmuscheln	106–109
Gebratenes Rotbarschfilet mit Tomatensauce und Pilaw	110–113

Hühnerbrühe mit Eierstich	114–117
Curryhuhn mit Reis	118–121
Putenbrustfilet mit Mandeln, Orangensauce mit Weintrauben und Herzoginkartoffeln	122–125
Marinierte Hähnchenschenkel aus dem Backofen mit Pommes frites	126–129
Gefüllte Poularde	130–133
Frikadellen mit Kartoffelsalat	134–137
Kohlrouladen mit Bratkartoffeln	138–141
Gefüllte Paprikaschoten in Tomatensauce	142–145
Kalbsleber mit Apfelspalten und Kartoffelpüree	146–149
Wiener Schnitzel mit Feldsalat	150–153
Kotelett mit Erbsen-Möhren-Gemüse und Salzkartoffeln	154–157
Filetsteak mit provenzalischer Tomate und Folienkartoffel	158–161
Zürcher Geschnetzeltes mit Rösti und Endiviensalat	162–165
Gyros mit Krautsalat und Tzatziki	166–169
Schweinefleisch süß-sauer mit Reis	170–173
Serbisches Reisfleisch	174–177
Schaschlik mit Reis	178–181
Rindergulasch mit Butternudeln	182–185
Rinderroulade mit Rotkohl und Kartoffelknödeln	186–189
Schweinebraten mit Rosenkohl und Salzkartoffeln	190–193
Ochsenschwanzsuppe	194–197
Pot au feu	198–201
Gekochte Rinderbrust mit Bouillonkartoffeln und Meerrettichsauce	202–205
Irish Stew	206–209
Spareribs mit Teufelssauce	210–213
Lammkeule	214–217
Apfelpfannkuchen	218–221
Aprikosenknödel mit Aprikosenkompott	222–225
Mousse au chocolat	226–229
Register	230–235

Rezeptübersicht

SUPPEN

Tomatensuppe........	38– 41
Erbsensuppe	42– 45
– mit Minze...........	45
Zwiebelsuppe.........	46– 49
– Zwiebel-Sahne-Suppe	49
Hühnerbrühe..........	114–117
Ochsenschwanzsuppe	194–197
Rinderbrühe mit Pistou	201

SAUCEN

Öl-Essig-Dressing	30– 33
Kräuter-Ei-Butter	66– 69
Bröselbutter...........	70– 73
	222–225
Bologneser Sauce....	82– 85
Senfsauce............	98–101
Geklärte Butter........	101
Tomatensauce........	110–113
	142–145
Orangensauce mit Weintrauben	122–125
Kräuterbutter..........	161
Tzatziki................	166–169
Pistou.................	201
Meerrettichsauce.....	202–205
Teufelssauce..........	210–213

FISCH

Heringstopf „Hausfrauenart".......	94– 97
Pochiertes Kabeljaukotelett	98–101
Forelle in Folie	102–105
Miesmuscheln........	106–109
– Muschelragout.....	109
Gebratenes Rotbarschfilet	110–113

GEFLÜGEL

Hühnerbrühe..........	114–117
– Suppenhuhn	114–117
Curryhuhn.............	118–121
Putenbrustfilet mit Mandeln	122–125
Marinierte Hähnchenschenkel...	126–129
Gefüllte Poularde	130–133
– mit süßer Füllung ..	133

FLEISCH

Fleischklößchen	38–41
Frikadellen	70–73
	134–137
Bologneser Sauce	82–85
Kohlrouladen	138–141
Gefüllte Paprikaschoten	142–145
– Auberginen	145
Kalbsleber mit Apfelspalten	146–149
Geschnetzelte Leber	149
Wiener Schnitzel	150–153
Cordon bleu	153
Kotelett	154–157
Filetsteak	158–161
Zürcher Geschnetzeltes	162–165
Gyros	166–169
Schweinefleisch süß-sauer	170–173
Serbisches Reisfleisch	174–177
– Variation	177
Schaschlik	178–181
Rindergulasch	182–185
Rinderroulade	186–189
Schweinebraten	190–193
Ochsenschwanzsuppe	194–197
Pot au feu	198–201
– Rinderbrühe mit Pistou	201
Gekochte Rinderbrust	202–205
Irish Stew	206–209
– mit Weißkohl	209
Spareribs	210–213
Lammkeule	214–217

EINTÖPFE

Linseneintopf	50–53
Ratatouille	54–57
– Variation	57
Serbisches Reisfleisch	174–177
– Variation	177
Pot au feu	198–201
Irish Stew	206–209
– mit Weißkohl	209

GRATINS/AUFLÄUFE

Gemüsegratin	58–61
Spinatgratin	61
Kartoffelgratin	62–65
– Kartoffel-Möhren-Gratin	65
Nudelauflauf	90–93
– Variation	93

GEMÜSE

Gemischter Salat.....	30—	33
— Rohkostvariation...		33
Marinierte Auberginen	34—	37
— Zucchini............		37
— Paprikaschoten....		37
Tomatensuppe........	38—	41
Erbsensuppe.........	42—	45
— mit Minze...........		45
Zwiebelsuppe.........	46—	49
— Zwiebel-Sahne-Suppe..............		49
Linseneintopf.........	50—	53
— Linsengemüse.....		53
Ratatouille.............	54—	57
— Variation............		57
Gemüsegratin........	58—	61
Spinatgratin...........		61
Kartoffelgratin.........	62—	65
— Kartoffel-Möhren-Gratin......		65
Spargel................	66—	69
Blumenkohl...........	70—	73
Spinat.................	74—	77
Rahmpilze.............	78—	81
Tomaten-Basilikum-Salat...................	86—	89
Kohlrouladen..........	138—	141
Tomatensauce........	142—	145
Gefüllte Paprikaschoten..............	142—	145
— Auberginen.........		145
Feldsalat.............	150—	153
Erbsen-Möhren-Gemüse..............	154—	157
Provenzalische Tomaten...............	158—	161
Endiviensalat..........	162—	165
Krautsalat.............	166—	169
Tzatziki.................	166—	169
Rotkohl................	186—	189
Rosenkohl............	190—	193
Meerrettichsauce.....	202—	205
Grüne Bohnen........		217

SALATE / VORSPEISEN

Gemischter Salat.....	30—	33
— Rohkostvariation...		33
Marinierte Auberginen	34—	37
— Zucchini............		37
— Paprikaschoten....		37
Tomaten-Basilikum-Salat...................	86—	89
Kartoffelsalat..........	134—	137
Feldsalat.............	150—	153
Endiviensalat..........	162—	165
Krautsalat.............	166—	169

EIERSPEISEN

Gekochtes Ei	30–	33
Kräuter-Ei-Butter	66–	69
Pochiertes Ei	74–	77
Eierstich	114–	117
Apfelpfannkuchen	218–	221
– Kirschpfannkuchen		221
– Crêpes		221

KARTOFFELN

Kartoffelgratin	62–	65
– Kartoffel-Möhren-Gratin		65
– Anna-Kartoffeln		65
Salzkartoffeln	70–	73
	98–101, 154–	157
	190–	193
Kartoffelpüree	74–	77
	146–	149
Pellkartoffeln		97
Petersilienkartoffeln		105
Herzoginkartoffeln	122–	125
Pommes frites	126–	129
Kartoffelsalat	134–	137
Bratkartoffeln	138–	141
Folienkartoffeln	158–	161
Rösti	162–	165
Kartoffelknödel	186–	189
Bouillonkartoffeln	202–	205

REIS

Pilaw	110–	113
Reis	118–121, 170–	173
	178–	181
Reis-Hackfleisch-Füllung	142–	145
Serbisches Reisfleisch	174–	177

TEIGWAREN

Geröstete Weißbrotwürfel	42–	45
Semmelknödel	78–	81
Spaghetti	82–	85
Tortellini	86–	89
Nudelauflauf	90–	93
– Variation		93
Knoblauchbaguette		129
		213
Butternudeln	182–	185
Blätterteigstangen		197
Aprikosenknödel	222–	225

OBST UND SÜSSE SPEISEN

Orangensauce mit Weintrauben	122–	125
Apfelpfannkuchen	218–	221
– Kirschpfannkuchen		221
– Crêpes		221
Aprikosenknödel	222–	225
Aprikosenkompott	222–	225
Mousse au chocolat	226–	229
– marmorierte Mousse		229
– weiße Mousse		229

Was dieses kleine Kochbuch so groß macht

„KOCHEN — DIE JUNGE SCHULE" setzt keinerlei Wissen und Erfahrung voraus. Es ist leicht verständlich wie ein Bilderbuch, ausführlich wie ein Lexikon und genau wie ein Kursbuch. Es bringt 50 Standardgerichte für jeden Tag — den Grundstock jeder Küche. Jedes Rezept wird auf vier Seiten und mit mindestens 13 Fotos erklärt. Jeder wichtige Handgriff ist abgebildet und beschrieben. Zwischen „Einkauf" und „Wenn etwas übrigbleibt" gibt es keine Informationslücke. Es ist das Kochbuch mit der Gelinggarantie. Mit anderen Worten: „Die junge Schule" ist das Kochbuch für Einsteiger und Anfänger mit dem sicheren 12-Punkte-Programm.

1. PORTIONSTELLER

Auftakt zu jedem Rezept ist die Abbildung des tischfertig zubereiteten Gerichts — angerichtet auf einem Teller für eine Person. Dieses Foto dient nicht allein als optischer Blickfang oder Appetitanreger. Es soll vielmehr sachlich informieren und nachvollziehbare Vorlage sein.

2. EINKAUF

Jedes Rezept beginnt mit einer Liste aller Zutaten, die besorgt werden müssen. Ein Einkaufszettel erübrigt sich: Man kann mit dem handlichen Buch in der Tasche einkaufen gehen, in der Reihenfolge: Metzger, Gemüsehändler, Lebensmittelgeschäft. Nicht aufgeführt werden in dieser Rubrik Produkte, die in kleinen Mengen in jedem Haushalt vorrätig sind: Mehl, Zucker, Salz, Pfeffer, Butter oder Margarine, Öl, Essig, Speisestärke.

3. WARENKUNDE

Der Einkaufszettel wird ergänzt durch eine kompakte Warenkunde. Sie erläutert die Besonderheiten der Produkte, beschreibt Gewürze, empfiehlt Saisonartikel und offeriert Alternativen zu teuren oder preiswerten Zutaten.

4. ZUTATEN

Diese Rubrik enthält sämtliche Zutaten, die für das jeweilige Gericht benötigt werden — bis hin zur kleinsten Prise Salz. Dennoch geht die klare Übersicht nicht verloren. Denn die Zutaten sind nach den einzelnen Teilen des Gerichts (zum Beispiel Sauce, Gemüse, Fleisch) geordnet. Kleinere Mengen sind wegen der Kalorienberechnung zusätzlich in Gramm angegeben. Ein Garniervorschlag vervollständigt die Rubrik.

5. GERÄTE

Zu jedem Rezept sind sämtliche Küchengeräte aufgeführt, die im Idealfall zur Verfügung stehen sollten. Oft kann man jedoch improvisieren oder Spezialgeräte durch einfache ersetzen (zum Beispiel die Fleischgabel durch eine normale Gabel).

6. KOCHZEITEN

Die Angaben sind gegliedert in Vorbereitungs-, Zubereitungs- und reine Garzeit. Wo die Möglichkeit besteht, das Gericht unbeaufsichtigt garen zu lassen, ist das Zeitmaß separat aufgeführt. Alle Garzeiten sind praktikable Zirka-Werte. Minutiöse Genauigkeit war aus mehreren Gründen nicht möglich. So variieren Herd-Typ und -Alter von Küche zu Küche. Hinzu kommen persönliche Vorlieben wie knakkiges oder weiches Gemüse, rosafarbenes oder durchgebratenes Fleisch, Nudeln mit oder ohne Biß. In solchen Fällen gibt das Buch den kürzeren (und gesünderen) Garzeiten den Vorzug.

7. KALORIENANGABEN

Die angegebenen Kalorien und Joule (sprich: Dschuhl) sind immer für eine Person berechnet. Jeweils aufgesplittet nach den einzelnen Teilen des Gerichts (zum Beispiel Fleisch, Gemüse, Kartoffeln). Der Vorteil: Wer figurbewußt ißt, kann sich im Handumdrehen ausrechnen, wieviel eingespart wird, wenn er eine Beilage wegläßt. Ebenso einfach rechnet sich das Verdoppeln oder Verdreifachen von Beilagen, wenn Jugendliche oder Schwerarbeiter ein bestimmtes Kaloriensoll erreichen müssen.

8. VORBEREITUNG

Als Arbeitsphase klar getrennt von der Zubereitung und gegliedert in übersichtliche Gruppen (falls man Teile des Rezeptes weglassen will). Die Vorbereitung für ein Gericht kann manchmal auch vorverlegt werden, zum Beispiel auf den Vormittag für das Abendessen. Oder auf den Vortag, wenn ein größeres Essen für Gäste geplant ist. Die Arbeitsgänge sind so einfach, daß sie auch von ungeübten Helfern aus der Familie übernommen werden können.

9. ZUBEREITUNG

Jeder wichtige Handgriff ist als Phasenfoto festgehalten und wird zusätzlich in der Bildunterschrift erklärt. Herdtemperaturen und Garzeiten werden in einprägsamen optischen Symbolen gezeigt, um Fehlerquellen am Herd auszuschalten. Auch Anfänger können nach dieser Bildersprache sofort kochen.

10. BEILAGEN

Die vierte Seite eines jeden Rezeptes bringt weitere Zubereitungsgänge mit und ohne Fotos. Darüber hinaus wird an dieser Stelle über andere Beilagen und Gerichtvarianten informiert.

11. BEI TISCH

Wissenswertes zu jedem Gericht wie regionale Herkunft, korrekte Aussprache oder dazu passende Getränke. Meist verknüpft mit einem originellen Serviervorschlag oder einem Feinschmekker-Tip zum Veredeln des Gerichtes.

12. WENN ETWAS ÜBRIGBLEIBT

Jedes Rezept ist für vier Personen berechnet. Oft können Paare oder Singles die Zutaten einfach halbieren oder vierteln, um auf die gewünschte Menge zu kommen. In anderen Fällen, wo das nicht möglich ist (Suppenhuhn zum Beispiel), offeriert das Buch Varianten des gleichen Grundrezepts. Berufstätige, die aus Zeitgründen die doppelte Menge kochen, können auf diese Weise zwei ganz verschiedene Gerichte auf den Tisch bringen. Auch wer für Familie oder Party zu reichlich gekocht hat, findet Vorschläge zur Verwertung der übriggebliebenen Speisen. Vieles kann auch eingefroren werden — roh oder gar. Das Buch empfiehlt Zeiten für Haltbarkeit in Kühlschrank und Gefriergerät.

Das ABC der Küchensprache

Die Kochkunst hat ihre eigene Fachsprache, mit der sie Handgriffe und Handwerkszeug genau bezeichnet. Vieles davon ist nur für Profis interessant. Aber die Grundbegriffe muß auch der Laie am Herd beherrschen — sonst versteht er die Rezepte nicht. Genauso wichtig ist eine Grundausstattung an guten Küchengeräten — die wichtigsten sind in diesem Alphabet aufgeführt. Über Töpfe gibt es ein separates Kapitel.

Abdämpfen
Restwasser (z. B. der abgegossenen Kartoffeln) im Topf auf ausgeschalteter Kochplatte verdampfen lassen.

Ablöschen
Zugabe von Flüssigkeit nach dem Anbraten von Fleisch. Lösen des Bratensatzes unter ständigem Rühren, um daraus eine Sauce zu machen.

Abschäumen
Entfernen des grauen Eiweißschaumes, der sich beim Kochen von Fleisch bildet und auf der Kochflüssigkeit schwimmt (Rinderbrust).

Abschmecken
Geschmacksprüfung vor dem Servieren. Eventuell nachwürzen: mit Salz, Pfeffer oder anderen verwendeten Gewürzen des Gerichtes.

Abschrecken
Garprozeß abrupt stoppen. Zum Beispiel Gemüse oder ein gekochtes Ei in kaltes Wasser legen.

Anbraten/Anrösten
Bei starker Hitze in wenig sehr heißem Öl.
Fleisch wird z. B. angebraten, damit es eine braune Kruste erhält. Die Fleischporen schließen sich, das Fleischinnere bleibt saftig (Steak).

Anschwitzen
Mehl in zerlassenes Fett einrühren. Beides muß sich völlig miteinander verbinden — das Mehl „schwitzt" im Fett. Dann unter ständigem Rühren nach und nach Flüssigkeit aufgießen (Tomatensauce).

Aufgießen
Zugießen von Flüssigkeit (Wasser, Brühe) nach dem Andünsten des Gemüses oder dem Anbraten des Fleisches.

Auflaufform
Feuerfestes Gefäß aus Glas, Steingut, Keramik oder emailliertem Gußeisen. Für Gerichte, die im Backofen gegart werden (Nudelauflauf).

Ausbacken/Fritieren
Garen und Bräunen in heißem Öl oder hoch erhitzbarem Fett bei ca. 180 Grad (Schweinefleisch süß-sauer).

Auslassen
Auch ausbraten. Das Fett des Specks durch Hitze flüssig machen (Linseneintopf).

Ausquellen
Garen bei geringer Hitze in abgemessener Flüssigkeit, wobei die Flüssigkeit vom Gargut völlig aufgenommen wird (Reis).

Backen
Garen im geschlossenen Backofen durch Ober- und Unterhitze oder Heißluft (Backwaren, Aufläufe).

Binden
Flüssigkeiten durch Zugabe von kalt angerührtem Mehl, Speisestärke oder mit Saucenbinder sämig andicken.

Blanchieren
Kurzzeitiges Eintauchen oder Garen in reichlich sprudelnd kochendem Wasser, mit oder ohne Salz. Nach dem Blanchieren abschrecken, um den Garprozeß zu stoppen.

Braten
Bräunen und Garen mit wenig oder im eigenen Fett. Große Braten (Lammkeule) werden im Backofen gebraten.

Bratenthermometer
Metallstab, der mit einer Temperaturskala endet. Mit Angaben zu den idealen Garstufen verschiedener Fleischarten. Immer in die dickste Stelle einstechen (Lammkeule)!

Dressing
Kalte Würzsauce (Salatsauce), die kurz vor dem Servieren über Salat gegeben wird.

Dünsten
Schonend Garen im eigenen Saft oder mit wenig Fett und Flüssigkeit. (Erbsen-Möhren-Gemüse). Man kann auch z. B. eine Forelle in Aluminiumfolie gewickelt im Backofen dünsten.

Einkochen/Reduzieren
Sahne, Saucen oder andere Flüssigkeiten im offenen Topf so lange kochen, bis sie dicklich werden und sich der Geschmack intensiviert.

Einweichen
Auch Weichen. Trockene (Brötchen) oder getrocknete (Hülsenfrüchte) Lebensmittel mit warmer oder kalter Flüssigkeit übergießen, so daß sie weich werden.

Eipick
Spezialgerät mit einem Dorn, der auf Druck ein Loch in ein Ei piekt, damit es beim Kochen nicht platzt. Ersatzweise: Stecknadel.

Eischneider
Eiteiler aus Metall oder Kunststoff mit feinen Drähten für gleichmäßige Eischeiben, -viertel oder -achtel.

Fleischgabel
Große Gabel mit zwei langen Zinken zum Heben, Wenden und Halten von Fleischstücken.

Fleischklopfer
Geklopft werden Kalbs- und Schweineschnitzel, die vor dem Braten paniert werden, um die Faserstruktur zu lockern und so das Fleisch zart zu machen.

Garziehen/Pochieren
Schonendes Garen in Flüssigkeit, die knapp unter dem Aufkochen gehalten wird. Empfindliches Gargut (Klöße, Eier, Fisch) wird dadurch nicht zerstört.

Geflügelschere
Besonders robuste Schere zum Durchtrennen von Brustknochen beim Tranchieren (Aufteilen) des Geflügels.

Glasig werden lassen
Andünsten des Knoblauchs oder der Zwiebeln in mäßig heißem Fett, ohne daß sie braun werden.

Gratinieren/ Überbacken
Oberflächenbräunung bei starker Oberhitze im Grill oder Backofen (Gemüsegratin).

Kartoffelpresse
Spezialgerät, das gekochte Kartoffeln auf Hebeldruck durch eine Sieböffnung drückt. (Ersatzweise: Kartoffelstampfer — zum Zerdrücken der Kartoffeln.)

Knoblauchpresse
Kleines Gerät, das nach dem gleichen Prinzip wie die Kartoffelpresse funktioniert.

Kochen
Garen in sprudelnder Flüssigkeit im offenen oder geschlossenen Topf (Nudeln).

Köcheln/Sanft kochen
Garen in Flüssigkeit, deren Oberfläche sich nur leicht bewegt.

Küchengarn
Geschmacks- und geruchsneutrales Garn zum Binden von Fleisch, damit es in Form bleibt und nicht auseinanderfällt (Rouladen).

Legieren
Binden und Sämigmachen von Suppen oder Saucen mit einer Sahne-Eigelb-Mischung.

Marinieren
Einlegen von Fleisch, Geflügel oder Fisch in Würzflüssigkeiten (Marinaden) für längere Zeit, um sie zu aromatisieren, mürbe zu machen und einige Zeit vor dem Verderb zu bewahren (Spareribs).

Messer
Zum Schälen und Schneiden. Empfehlenswertes Sortiment: Kleines gerades Küchenmesser, mittelgroßes Messer mit Wellenschliff, z. B. um Brot zu schneiden, großes Messer mit biegsamer Klinge, um große Stücke und Braten zu schneiden.

Meßbecher/Litermaß
Zum Abmessen von Flüssigkeiten. In verschiedenen Ausführungen erhältlich: Metall, hitzebeständiges Glas oder Kunststoff.

Palen
Schotenerbsen oder dicke Bohnen von der Schote befreien.

Palette
Länglich, mit biegsamer, messerartiger, stumpf gerundeter breiter Klinge. Zum Wenden kleiner Kurzbratstücke (Schnitzel, Steaks).

Panieren
Gargut nacheinander in Mehl, verquirltem Ei und Semmelbrösel (Panade) wenden (Wiener Schnitzel).

Passieren
Weiche Lebensmittel durch ein feines Sieb streichen, so daß Haut und Kerne zurückbleiben.

Pfeffermühle
Zum Mahlen von ganzen, getrockneten Pfefferkörnern. Sollte von grob (für Steaks) bis fein (zum Abschmecken) verstellbar sein.

Pürieren
Rohe oder gekochte Lebensmittel fein (breiartig) zerkleinern.

Pürierstab
Sonderzubehör für elektrisches Handrührgerät. Ersatz: Mixer (Standgerät oder als Zubehör für Küchenmaschine).

Reibe
Am gebräuchlichsten: Allzweckreibe. Vierseitiges, aufstellbares Küchengerät aus Metall. Mit feiner und grober Raspel, Reibe und Hobel.

Schaumkelle
Siebartiges Arbeitsgerät mit langem Griff. Aus Metall oder hitzebeständigem Kunststoff. Zum Herausheben von Gargut aus Flüssigkeiten (Klöße).

Schlagen
Mit einem Schneebesen oder elektrischen Handrührgerät Luft unter flüssige oder weiche Lebensmittel (Sahne, Eiweiß) arbeiten. Steif bzw. schaumig schlagen.

Schmoren
Anbraten und Bräunen in wenig Fett im offenen und anschließendes Fertiggaren unter Zugabe von Flüssigkeit im geschlossenen Topf (Gulasch, Rouladen).

Schneebesen
Zum gleichmäßigen Verrühren von Flüssigkeiten sowie zum Steifschlagen von Sahne und Eiweiß. Aus Metall mit gut im Stiel befestigten, elastischen Drahtschlaufen, die sich beim Rühren dem Gefäß anpassen.

Schneiden
Rohe oder gegarte Lebensmittel in Scheiben, Würfel, Stifte oder Stücke zerteilen.

Schneidbrett
Unterlage zum Schneiden. Aus Holz oder Kunststoff.

Schnellkochtopf
Luftdicht verschließbarer Spezialtopf zum schnellen, schonenden Garen unter hohem Druck.

Schöpfkelle
Tiefer halbkugelförmiger Schöpflöffel zum Verteilen von Suppen und Saucen.

Schwenken
Kurzes Erhitzen gegarter Lebensmittel in zerlassenem Fett (Petersilienkartoffeln).

Seihen
Durch ein Sieb gießen.

Sieb/Durchschlag
Feines Sieb (Haarsieb) aus nichtrostendem Material zum Abtropfen, Seihen und passieren. Grobes Sieb (Durchschlag) aus Kunststoff zum Abtropfen von Salat.

Sparschäler
Spezialmesser mit schräg gestellter Klinge für gleichmäßiges Schälen (Kartoffeln, Möhren, Spargel).

Spritzbeutel
Spritztüte aus imprägniertem Stoff mit auswechselbaren verschieden geformten Tüllen als Spitze. Zum dekorativen Anrichten cremiger Massen (Püree, Sahne).

Stocken lassen
Langsames Garen und Festwerden von flüssiger Eiermasse.

Teigschaber
Biegsamer Kunststoff- oder Gummispachtel. Zum möglichst gründlichen Ausschaben von Rührschüsseln oder Töpfen (Sahne, Saucen, Teige).

Tranchieren
Braten aufschneiden, Geflügel zerlegen (Lammkeule, Schweinebraten).

Waage
Verschiedene Ausführungen: Zeigerwaage — mit manuell einstellbarem Nullpunkt. Moderne Digitalanzeige-Waage — mit automatischer Null-Einstellung.

Wasserbad
Allmähliches Erwärmen im offenen Topf, der in heißem, nicht kochendem Wasser hängt. Oder im Simmertopf. Für Saucen, Cremes — die als Zutat Butter, Eier oder Sahne enthalten (Mousse au chocolat) — und alle Gerichte, die bei der Zubereitung auf der Herdplatte gerinnen oder leicht anbrennen könnten (Eierstich).

Zerlassen
Auch Schmelzen. Festes oder weiches Fett durch leichtes Erhitzen flüssig machen.

Worauf es bei Töpfen und Pfannen ankommt

Wenn ein Gericht mißlingt, muß es nicht immer am Koch liegen. Auch nicht am Rezept. Beide können sogar sehr gut sein — und trotzdem geht's schief. Häufigster Grund: Unzulängliche Töpfe und Pfannen. Unverständlicherweise wird oft gerade daran gespart.
Eine kritische Bestandsaufnahme ist in jedem Fall anzuraten, ehe das erste Gericht gekocht wird. Wer sich einen neuen Fundus anschaffen will, sollte zuvor diese Doppelseite lesen.

DAS MATERIAL

Bei Töpfen kommen nur vier Materialien in Frage: Edelstahl Rostfrei, Stahl-Email, Gußeisen und Kupfer.

Edelstahl Rostfrei ist ein problemloses Material mit einer praktisch unbegrenzten Lebensdauer. Optimal zum Kochen, Dämpfen, Dünsten und Pochieren.

Stahl-Email ist das hygienischste Material, weil es sich so leicht reinigen läßt. Optimal zum Braten (Pfannen), vor allem wenn die Innenglasur dunkel ist (absorbiert Wärme). Die Randkante ist gegen Rost geschützt. Ein aufgeklemmter Edelstahlring ist allerdings unhygienisch, weil sich Schmutzreste ablagern können. Teurer, aber auf lange Sicht besser, ist ein vernickelter und verchromter Topfrand.

Gußeisen und emailiertes Gußeisen zählen zu den klassischen Materialien. Optimal zum Braten und Schmoren. Nachteile: Sehr hohes Gewicht sowie mühsames Reinigen bei unemailiertem Gußeisen.

Kupfer ist das edelste Material für Kochgeräte. Die Innenflächen müssen jedoch aus einem anderen Material sein. Heute ist das meist Edelstahl, früher war es immer Zinn. Optimal zum sanften Köcheln und Schmoren. Kupfer hält sehr gut und sehr lange eine gleichmäßige Temperatur. Erstklassige Leitfähigkeit. Allerdings muß es häufig geputzt werden, damit es nicht unansehnlich wird. Verzinnte Töpfe dürfen nicht überhitzt werden und benötigen von Zeit zu Zeit eine neue Beschichtung.

Kunststoffbeschichtung ist für Pfannen üblich (Grundmaterial Aluminium). Man kann mit solchen Pfannen fettarm garen, darf sie jedoch nicht hoch erhitzen, weil dies der Beschichtung schadet. Weiterer Nachteil: Man kann nicht mit metallenen, vor allem spitzen Geräten in der Pfanne arbeiten. Wer sich für eine kunststoffbeschichtete Pfanne entscheidet, muß wissen, daß er in jedem Fall noch eine zweite (aus Stahl-Email oder Gußeisen) braucht, um Fleisch scharf anbraten zu können.

DER TOPFBODEN

Der wichtigste Teil des Topfes ist sein Boden. Er sollte möglichst dick sein, aus leitfähigem Material und leicht nach innen gewölbt (damit er sich beim Erhitzen zu einer planen Fläche ausdehnt). Beste Böden: aus Kupfer, Gußeisen oder Stahl-Email. Edelstahltöpfe brauchen einen Boden aus Kupfer oder Aluminium, damit die Wärme besser geleitet wird. Die Topfbodengröße sollte dem Durchmesser der Kochplatten entsprechen.

DAS TOPFINNERE

Entscheidendes Detail: Der Knick zwischen Seitenwand und Boden sollte möglichst weich abgerundet sein, damit man mit Kochlöffel und Schneebesen optimal arbeiten kann.

DER DECKEL

Dicht schließende Deckel haben nur dann einen Sinn, wenn sie leicht sind und sich bei Druck von selbst heben. Schwere, dicht schließende Deckel sind keineswegs so gut, wie immer wieder behauptet wird. Sie bewirken, daß sich im Topf ein Überdruck bildet. Bestes Material für Deckel: Edelstahl Rostfrei, weil es leicht ist und wenig Wärme annimmt.

DIE GRIFFE

Bestes Material: Edelstahl Rostfrei. Kunststoff wird zwar weniger warm, doch können Töpfe mit solchen Griffen nicht in den Backofen gestellt werden. Wichtig außerdem: Die Griffe müssen solide befestigt sein. Sichtbare Lötstellen sind ein schlechtes Zeichen.

DER SCHNELLKOCHTOPF

An ihm scheiden sich die Küchengeister. Es gibt ebenso begeisterte Benutzer wie entschiedene Gegner. Die Verächter muß man freilich darauf hinweisen, daß das Dämpfen unter Druck für Fisch und Gemüse heutzutage die übliche Garart in Sterne-Restaurants ist. Die dazu nötige Schongarstufe ist bei der jüngsten Generation von Schnellkochtöpfen eingebaut. Weitere Vorteile: Schnellkochtöpfe sind ideal zum Auftauen von Tiefkühlkost, zeit- und energiesparend.

Worin gegart wird: Die Grundausstattung

Töpfe könne man nie genug haben, behaupten die Leute, die es wissen müssen: die Köche. Tatsächlich ist das Sortiment beeindruckend, über das Profis souverän verfügen. Aber mal abgesehen von den Anschaffungskosten — in keinem Privathaushalt wäre Platz für eine solche Vielzahl an Töpfen. Doch das Problem ist lösbar. Zunächst gibt es ein unverzichtbares Repertoire, ohne das Kochen im Sinne dieses Buches gar nicht stattfinden kann. Dieses halbe Dutzend metallener Gargefäße zeigen wir Ihnen auf dieser Doppelseite und geben Ihnen Kurzbeschreibungen dazu. Was ein jeder sich darüber hinaus anschafft, hängt von drei Dingen ab: Geldbeutel, Haushaltsgröße, Eßgewohnheiten. An weiteren Spezialtöpfen ist kein Mangel. Es gibt längliche Pochierformen, in denen man ganze Fische garen kann. Es gibt schmale Töpfe, in denen man Spargel aufrecht garen kann. Es gibt Fritiertopf, Schnellkochtopf, Wasserkessel, Butterpfännchen und Simmertopf. Was auch immer Sie kaufen, lesen Sie zuvor unsere Materialkunde auf den vorherigen Seiten. Und achten Sie darauf, daß der Topf den richtigen Durchmesser hat — und nicht etwa nur die Verpackung!

1. Kleiner Kochtopf: Mit Deckel, 1,5 l Inhalt und 14,5 cm Bodendurchmesser. Zum Dünsten kleinerer Mengen Gemüse oder zum Erwärmen von Flüssigkeiten.

2. Mittelgroßer Kochtopf: Mit Deckel, 2,5 – 3 l Inhalt und 14,5 oder 18 cm Bodendurchmesser. Zum Kochen von Kartoffeln, Dünsten von Gemüse.

3. Großer Kochtopf: Mit Deckel, 5 l Inhalt und 18 oder 22 cm Bodendurchmesser. Zum Kochen mit viel Flüssigkeit, beispielsweise für Knödel, Nudeln, Suppen.

4. Braten- oder Schmortopf: Flach, mit Deckel, 2,5 – 3 l Inhalt und 18 oder 22 cm Bodendurchmesser. Auch als ovale Kasserolle erhältlich. Zum Anbraten und Schmoren. Für kleinere Braten, Gulasch, Rouladen.

5. Stieltopf: Mit 1,5 l Inhalt und 14,5 cm Bodendurchmesser. Leicht zu handhaben (Stielgriff). Für Saucen, zum Anschwenken von Gemüse.

6. Pfanne: Mit Deckel und 18 oder 22 cm Bodendurchmesser. Für kurzgebratene Fleisch- oder Fischstücke, Pfannkuchen, Bratkartoffeln. Empfehlenswert sind natürlich zwei Pfannen: Eine Pfanne mit Antihaft-Beschichtung für schonendes Braten (Schnitzel) und eine schwere Pfanne für kräftiges Braten (Steaks).

Von Herden und Maßen

Die Garzeiten und Temperaturwerte dieses Buches beziehen sich auf einen normalen Elektroherd mit Backofen (Backblech, Bratrost, Fettfangschale). Achtung: Bei älteren Herden verlängern sich die Garzeiten oft; sie können daher nur Zirka-Werte sein.

DER ELEKTROHERD

Mit Strom zu kochen, ist die sauberste, wenn auch energieaufwendigste Methode, weil viel Restwärme verlorengeht. Die meisten E-Herde haben Normal-Kochplatten mit Stufenschaltung und einen Backofen mit Unter- und Oberhitze. Viele verfügen auch über stufenlose Automatik-Kochplatten. Oder über Blitz-Kochplatten. Besonders praktisch beim Kochen sind die durchgehenden Glaskeramik-Felder, die ein teilweises Ausnützen der Hitzequelle gestatten. Neuere Backöfen sind mit Umluft ausgerüstet (oft abschaltbar). Bei diesem Verfahren können mehrere Backbleche mit verschiedenem Kochgut gleichzeitig gegart werden. Ideal: Wenn in den Backofen ein Grill integriert ist. Beachten Sie in jedem Fall die Empfehlungen des Herstellers!

DER GASHERD

Von Profis geschätztes System, da der Gasherd sich blitzschnell regulieren läßt, ohne daß man dabei auf Restwärme achten müßte wie beim Elektroherd. Nachteil: Töpfe, Pfannen und auch der Herd selbst verschmutzen durch offene Flammen mehr. Beim Kochen auf Gas immer darauf achten, daß sich die Flammenspitzen (größte Hitze) unter der Topfbodenmitte befinden. Einmal, um die Hitze optimal auszunutzen, und außerdem, um zu vermeiden, daß zum Beispiel Kunststoff-Topfgriffe anschmelzen. Auch hier sind die Empfehlungen des Herd-Herstellers zu beachten. In unseren Rezepten sind die Temperaturangaben für den Backofen in Celsiusgraden angegeben. Faustregel fürs Umrechnen: Stufe 1 des Gasherdes entspricht ca. 160 Grad beim Elektroherd. Jede weitere Stufe 20 Grad mehr. Bei der höchsten Stufe 8 werden etwa 300 Grad erreicht.

ABKÜRZUNGEN FÜR MASSANGABEN

TL = Teelöffel
EL = Eßlöffel
l = Liter
g = Gramm
kg = Kilogramm
Msp = Messerspitze
kcal = Kilokalorien
kJ = Kilojoule

RICHTWERTE FÜR MASSANGABEN

Wiegen und Messen ohne Waage in Gramm. Maß für einen normalen Eß- oder Teelöffel, <u>gestrichen</u> (!) voll:

Lebensmittel	EL	TL
Mehl	10 g	3 g
Speisestärke	10 g	5 g
Zucker	15 g	5 g
Salz	10 g	5 g
Fett	15 g	5 g
Öl	10 g	5 g
Puderzucker	10 g	3 g

<u>Eine Prise:</u> Menge, die man zwischen zwei Fingern halten kann.
<u>Eine Messerspitze:</u> soviel, wie auf eine Messerspitze paßt, etwa ein viertel Teelöffel (gestrichen) voll.

Von Pannen und Kniffen

Jedem kann mal ein Malheur unterlaufen. Das gehört einfach dazu, denn auch der beste Koch ist nicht als Profi vom Himmel gefallen.
Ein kleiner „Pannendienst" sowie ein paar Hilfen, die ein Gericht besser oder die Arbeit leichter machen, sind hier zusammengefaßt.

WENN ETWAS ANBRENNT

Abhilfe: Sofort in einen anderen Topf füllen, dabei darauf achten, daß der angekohlte Bodensatz nicht gelöst wird.
Fehler: Zu starke Hitze oder zu wenig Flüssigkeit im Topf.

WENN FLEISCH BEIM ANBRATEN ANKLEBT

Abhilfe: Sofort aus der Pfanne nehmen.
Fehler: Fett war nicht heiß genug.

WENN DAS FETT SCHWARZ WIRD

Abhilfe: Keine. Fett wegschütten.
Fehler: Zu starke Hitze oder falsches Fett. Butter und Margarine vertragen keine hohen Temperaturen. Besser Öl oder hocherhitzbares Pflanzenfett verwenden.

BRATEN ENTSPANNEN

Große Fleischstücke nicht sofort anschneiden. Je nach Größe bis zu 10 Minuten in Aluminiumfolie hüllen, damit sich der Fleischsaft gleichmäßig verteilen kann.

WENN FLEISCH BEIM ANBRATEN SAFT ZIEHT

Abhilfe: Fleisch herausnehmen und abtropfen lassen. Fleischsaft im Topf so lange kochen, bis sich eine braune Kruste auf dem Topfboden bildet. Fleisch portionsweise wieder zugeben und braun braten.
Fehler: Fett war nicht heiß genug oder die Fleischportion war zu groß (z. B. bei Gulasch).

WENN IM BACKOFEN EIN GERICHT ZU SCHNELL BRÄUNT

Abhilfe: Ein Stück Aluminiumfolie auf das Gefäß oder auf den Braten legen.
Fehler: Zu hohe Temperatur, zu starke Oberhitze oder zu hoch in den Backofen geschoben.

WENN DAS EIGELB BEIM LEGIEREN GERINNT

Abhilfe: Sauce durch ein feines Sieb (Haarsieb) oder Tuch passieren.
Fehler: Die Sauce hat gekocht. Die Eigelb-Sahne-Bindung gelingt nur, wenn die Flüssigkeit nicht mehr kocht.

SAUCEN UND SUPPEN ANDICKEN

Mehl und weiche Butter zu gleichen Teilen zu einer Kugel verkneten. Diese Mischung mit einem Schneebesen unter die Suppe oder Sauce schlagen, bis die Flüssigkeit andickt. Einfachste Möglichkeit: Saucenbinder verwenden.

VERFEINERN VON SAUCEN

Durch einen Stich Butter, einen Spritzer Cognac, einen Löffel Weiß- oder Rotwein, Sahne oder Crème fraîche kann man einer Sauce den besonderen Pfiff geben.

ÜBERKOCHEN VERHINDERN

Dem Kochwasser (zum Beispiel für Nudeln) 1 EL Öl zufügen. Bei Sahne einen Holzlöffel quer über den Topf legen.

Wissenswertes über das Säubern und Zerkleinern

In einer guten Küche wird selbstverständlich mit gesäuberten Produkten gearbeitet. Das erfordert Appetitlichkeit und Hygiene. Freilich sollte man nicht übertreiben. Oft sitzen wertvolle Vitamine und Nährstoffe in den Schalen, die man wegschneidet. In manchen Fällen würde gründliches Waschen genügen.
Wer dennoch Furcht vor Bakterien hat: Spätestens beim Kochen wird denen der Garaus gemacht. Aufgrund ihrer natürlichen Größe müssen viele Produkte vor der Zubereitung zerkleinert werden. Teils, um ein rasches, möglichst gleichmäßiges Garen zu erreichen – das gilt vor allem für unterschiedliche Gemüsesorten –, teils aus dekorativen Gründen. Das geschieht entweder durch „Handarbeit" oder, wenn's der Geldbeutel erlaubt, mit Hilfe einer Küchenmaschine. Um den Vitaminverlust von Gemüse möglichst gering zu halten, gilt es folgendes zu beachten: Frisches Gemüse verwenden, vor dem Zerkleinern waschen und nach dem Zerkleinern nicht offen herumstehen lassen, sondern mit einem feuchten Tuch abdecken.

EIGELB UND EIWEISS TRENNEN

1. Ein Ei mit der Mitte leicht an einem Schüsselrand anschlagen, ohne daß die Schale ganz zerbricht.

2. Die Eierschale über einer Schüssel vorsichtig auseinanderteilen und das Eiweiß herauslaufen lassen.

3. Eigelb in eine Eierschalenhälfte gleiten lassen. Schalenhälften voneinander lösen. Eigelb in die andere Schalenhälfte gleiten lassen.

ZITRONENSCHALE ABREIBEN

1. Ein Stück Pergamentpapier um eine Reibe wickeln, damit nicht zu viele Schalenreste auf der Reibefläche anhaften.

2. Etwas andrücken. Eine unbehandelte Zitrone so lange darauf reiben, bis die Schale rundherum abgerieben ist.

3. Pergamentpapier vorsichtig von der Reibefläche entfernen. Abgeriebene Schale mit einem Messer abstreifen.

TOMATEN ABZIEHEN UND ENTKERNEN

1. Stielansatz der Tomaten mit einem spitzen Messer keilförmig einschneiden. Vorsichtig lösen und herausheben.

2. Haut kreuzweise einritzen und Tomaten 5–10 Sekunden (mit einer Schaumkelle) in kochendes Wasser tauchen.

3. Tomaten herausheben und sofort in kaltem Wasser abschrecken, damit sie nicht weich werden.

 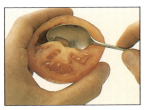 

4. Tomatenschalen mit einem kleinen spitzen Messer vorsichtig abziehen. Dann die Tomaten halbieren.

5. Kerne mit einem Teelöffel vorsichtig aus den Tomatenhälften herausschaben.

6. Tomatenhälften jeweils flach auf ein Schneidbrett drücken, in Streifen oder kleine Würfel schneiden.

KNOBLAUCH SCHÄLEN UND ZERKLEINERN

1. Knoblauchzwiebel von oben kräftig drücken, damit sich die einzelnen Zehen voneinander lösen.

2. Schale von der Knoblauchzehe entfernen, dabei Spitze und Wurzelansatz abschneiden.

3. Knoblauchzehe in dünne Scheiben schneiden.

4. Durch rasche Auf-und-Ab-Bewegungen mit einem großen Messer grob oder fein hacken.

5. Mit einem breiten Messer zerquetschen und sehr fein verreiben.

6. Alternative: Die halbierte Knoblauchzehe durch eine Knoblauchpresse drücken. Abschaben.

ZWIEBELN SCHÄLEN

1. Wurzelansatz von den Zwiebeln mit einem kleinen Küchenmesser abschneiden.

2. Spitze der Zwiebeln ebenfalls entfernen.

3. Äußere Zwiebelschale mit Hilfe der Messerspitze abziehen.

ZWIEBELN SCHNEIDEN UND WÜRFELN

1. Zwiebeln halbieren. Zwiebelhälften mehrmals waagerecht bis zum Wurzelansatz (er bleibt ganz) einschneiden.

2. Senkrecht ebenfalls mehrmals einschneiden. Je dichter die Einschnitte, desto feiner sind später die Zwiebelwürfel.

3. Finger beim Schneiden leicht anwinkeln, Daumen hinter die anderen Finger halten und sorgfältig schneiden.

SELLERIEKNOLLE SCHÄLEN UND ZERKLEINERN

1. Eine Sellerieknolle zu schälen ist recht mühsam, aber es gibt einen Trick: Knolle zunächst mit einem großen Messer halbieren.

2. Knolle mit der Schnittfläche nach unten auf ein Schneidbrett legen und die Schale in dünnen Streifen von oben nach unten hinunterschneiden.

3. Geschälte Knolle in dicke oder dünne Scheiben schneiden. Je dünner die Scheiben, desto feiner die Streifen oder Würfel.

4. Geschnittene Scheiben aufeinanderlegen. Dickere Scheiben werden in Stäbchen geschnitten, dünnere in feine Scheiben.

5. Aus den Stäbchen oder Streifen können nun grobe oder feine Würfel geschnitten werden.

6. Geschnittene Sellerieknolle wird leicht bräunlich. Tip: Mit Zitronensaft beträufeln.

PETERSILIE WASCHEN UND HACKEN

1. Petersilie ist in den meisten Fällen sauber. Sehr sandige Petersilie vor dem Hacken unter fließendem kalten Wasser säubern.

2. Gewaschenes Petersilienbund gut abtrocknen. Tip: Dazu auf ein sauberes Geschirrhandtuch legen, darin einschlagen und ausschleudern.

3. Dabei wird das an den Petersilienblättern haftende Wasser vom Handtuch aufgenommen. Eventuell an einer trockenen Tuchstelle wiederholen.

4. Nur gut abgetrocknete Petersilie läßt sich gut hacken. Auf ein Schneidbrett legen, Stiele festhalten.

5. Durch schnelles, senkrechtes Auf-und-Ab-Wiegen des Messers (Spitze bleibt auf dem Brett) die Petersilie grob hacken.

6. Aufgesetzte Messerspitze mit den Fingern festhalten, Griff so lange auf- und ab-, hin- und herbewegen, bis die Petersilie fein gehackt ist.

BOHNEN WASCHEN UND ENTFÄDELN

1. Bohnen unter fließendem kalten Wasser gründlich säubern. Gut abtropfen lassen.

2. Schnittbohnen haben oft noch Fäden, die entfernt werden müssen. Bohnenenden einschneiden, so daß der Faden hängenbleibt.

3. Den Faden entlang der Bohne abziehen und die Bohnenspitze abschneiden. Bohnen ganz lassen oder in Stücke brechen.

BROKKOLI PUTZEN UND ZERKLEINERN

1. Die Blätter vom Brokkolistrunk entfernen. Geöffnete und gelbe Röschenknopsen ebenfalls.

2. Brokkoliröschen mit dünneren Stielen vom dicken Strunk schneiden.

3. Da der dicke Strunk unter der Schale meist etwas holzig ist, muß er geschält werden.

4. Dünne Stiele von den Röschen abschneiden, oder unten einschneiden und die Schale bis zu den Röschen abziehen.

5. Die geschälten Stiele sind sehr zart und können mitgegessen werden. In mundgerechte Bissen schneiden.

6. Große Brokkoliröschen längs halbieren. Wenn alles etwa die gleiche Größe hat, ist es in der gleichen Zeit gegart.

BLUMENKOHL PUTZEN

1. Grüne Blätter und den Strunk vom Blumenkohl abschneiden. Kleine grüne Blätter abzupfen.

2. Blumenkohl am Strunk kreuzweise einritzen, damit er beim Garen nicht hart bleibt. (Das gilt auch für Rosenkohl.)

3. In den Röschen sitzt manchmal Ungeziefer. Deshalb: Zum Säubern für einige Zeit mit dem Strunk nach oben in kaltes Salzwasser legen.

ROTKOHL PUTZEN UND ZERKLEINERN

1. Strunk vom Kohlkopf abschneiden (das gilt auch für Weißkohl, Wirsing und Rosenkohl).

2. Äußere, welke Blätter ablösen. Das geht einfacher, wenn der Strunk etwas höher abgeschnitten wird.

3. Kohlkopf mit einem großen Messer halbieren: Erst etwas einschneiden, dann die Messerspitze und den Griff kräftig nach unten drücken.

4. Kohlhälften vierteln und größere Viertel nochmals halbieren (achteln).

5. Harten Strunk am Ende keilförmig herausschneiden, so daß nur noch die Blattschichten übrigbleiben.

6. Den so vorbereiteten Kohl in gleichmäßige Streifen schneiden. Das gilt auch für Weißkohl.

KARTOFFELN SCHÄLEN UND WASCHEN

1. Kartoffeln werden am gleichmäßigsten mit einem Sparschäler geschält. Das Spezialgerät mit schräg gestellter Klinge dabei wie ein Messer benutzen.

2. Dunkle oder grüne Stellen und sogenannte „Kartoffelaugen" mit dem Ausstecher (andere Seite des Sparschälers) oder einem Messer entfernen.

3. Unter fließendem kalten Wasser säubern. Damit sie nicht grau werden, mit kaltem Wasser bedecken. Große Kartoffeln vor der Zubereitung halbieren.

GEKOCHTE KARTOFFELN PELLEN UND ZERKLEINERN

1. Mit Schale gegarte Kartoffeln (Pellkartoffeln) auf eine Gabel spießen. Schale einritzen und mit einem spitzen Messer abziehen.

2. Für Püree oder Klöße: Gekochte Kartoffeln (gepellt oder geschält) in eine Kartoffelpresse geben und durchdrücken.

3. Zweite Möglichkeit: Mit einem Kartoffelstampfer in einem Topf gleichmäßig zerdrücken (Stampfkartoffeln).

LAUCH PUTZEN UND ZERKLEINERN

1. Wurzelansatz von den Lauchstangen abschneiden.

2. Die äußere, beschädigte Blattschicht abziehen.

3. Dunkelgrüne Lauchblätter abschneiden. Zurück bleibt der zarteste, helle Teil vom Lauch.

4. Lauchstangen längs durchschneiden, damit sie gründlich gesäubert werden können.

5. Lauchstangen unter fließendem kalten Wasser säubern, bis der Sand aus allen Blattschichten völlig herausgespült ist.

6. Lauch längs in Streifen oder in grobe Stücke schneiden.

Gemischter Salat

EINKAUF

1 Kopf Eisbergsalat

Wegen seiner geschlossenen Form und knackigen Frische auch Eissalat oder Krachsalat genannt. Herzhafter, kräftiger Geschmack. Ganzjährig erhältlich.

4 Tomaten

Beste Wahl: Kleine, schnittfeste Tomaten.

1 Salatgurke

2 Möhren

Champignons (ca. 250 g)

Preiswerte Variante: Weiße Champignons. Teurer: Rosa Champignons.

2 Zwiebeln

Schwarze Oliven (100 g)

Pflaumenförmige, etwa 2 cm große Früchte des Öl- oder Olivenbaumes. In Salzwasser oder Essig konserviert (Gläser oder in Tüten eingeschweißt) oder lose in Spezialitätengeschäften erhältlich.

Öl (⅛ l)

Beste Sorte: Hocharomatisches, kaltgepreßtes Olivenöl. Geschmacksneutral: Pflanzenöl.

4 Eier

Essig

Beste Wahl: Aceto Balsamico (sprich: Atschäto) — ein italienischer Weinessig, der in alten Holzfässern sein unverwechselbares Aroma bekommt. Sehr teuer! Ein guter Wein- oder Sherryessig tut's auch.

ZUTATEN

4 Eier
1 Kopf Eisbergsalat (ca. 500 g)
4 Tomaten (ca. 250 g)
1 Salatgurke (ca. 500 g)
2 Möhren (ca. 200 g)
250 g Champignons
2 Zwiebeln (ca. 100 g)
100 g schwarze Oliven
5 EL Essig
⅛ l Öl
½ TL Zucker
Salz, Pfeffer

GERÄTE

Kochtopf
Litermaß
Schälchen
Schneidbrett
Sieb
Schneebesen
Messer
Sparschäler
Eßlöffel
Schaumkelle
Gurkenhobel
Stecknadel oder Eipick
Eierschneider
Salatschüssel
Küchenpinsel

ZEIT

Vorbereitung:
ca. 20 Minuten.
Zubereitung:
ca. 10 Minuten.

KALORIEN/JOULE

pro Person
ca. 570 kcal/2390 kJ

VORBEREITUNG

1. Eier am stumpfen Ende mit einem Eipick einstechen, damit die Schale beim Kochen nicht platzt.
2. Eisbergsalat auseinanderpflücken. Blätter in kaltem Wasser waschen, in ein Sieb zum Abtropfen geben. Dicke Blattrippen herauslösen, Blätter in mundgerechte Stücke zupfen.
3. Gewaschene Tomaten (Stielansatz keilförmig herausschneiden) in Scheiben schneiden.
4. Gurke entweder gewaschen und ungeschält oder geschält hobeln oder ebenfalls in Scheiben schneiden.
5. Möhren mit einem Sparschäler schälen und in dünne Stifte, Zwiebeln in Ringe schneiden.
6. Champignons gründlich mit einem Küchenpinsel säubern. Sandigen Fuß der Pilze abschneiden. Erst kurz vor der Verwendung, während die Eier kochen, in Scheiben (blättrig) schneiden, damit die Schnittflächen nicht braun werden.
7. Oliven kurz kalt abspülen und abtropfen lassen (z.B. auf Küchenpapier).

ZUBEREITUNG GEMISCHTER SALAT (1—12)
ZUBEREITUNG GEKOCHTES EI (1—3)
ZUBEREITUNG ÖL-ESSIG-DRESSING (10—12)

1. Kochplatte auf mittlere Hitze schalten.

2. Wasser aufkochen und die Eier vorsichtig hineinlegen.

3. Etwa 10 Minuten kochen. In kaltem Wasser abschrecken. Pellen.

4. Gezupften Eisbergsalat und Tomatenscheiben in eine Schüssel geben.

5. Gurkenscheiben darauflegen.

6. Möhrenstifte und Champignonscheiben darüberschichten.

7. Abgekühlte Eier mit einem Eierschneider oder Messer schneiden.

8. Eischeiben ebenfalls zum Salat geben.

9. Zum Schluß Zwiebelringe und Oliven über den Salat streuen.

10. Öl in eine andere Schüssel gießen.

11. Essig zugießen, salzen, pfeffern und mit Zucker süßen.

12. Mit dem Schneebesen zu einem Dressing binden. Über den Salat gießen.

REZEPTVARIATION

1. Vorbereitung für den Salat wie beschrieben. Außerdem ein Bund Radieschen in Scheiben und einen Kohlrabi in feine Stifte schneiden.

2. Zubereitung wie auf der linken Seite unter den Punkten 1–6 beschrieben. Radieschen und Kohlrabi ebenfalls mit einschichten. Eischeiben darauflegen.

3. Thunfisch (ohne Öl, aus der Dose) abtropfen lassen, zerpflücken und ebenfalls auf dem Salat verteilen. 100 g grüne Oliven dazugeben.

4. Aus Öl, Essig, Salz, Pfeffer und Zucker ein Dressing zubereiten, wie links unter den Punkten 10–12 beschrieben.

5. Gartenkresse vom Mini-Beet mit einer Küchenschere abschneiden. Über den Salat streuen.

6. Dressing erst kurz vor dem Servieren über den Salat gießen oder separat dazu reichen.

Bei Tisch

Salat ist ein vielseitiges Gericht. Ob als Vorspeise oder zum Sattessen mit Ei, Thunfisch, ob angereichert mit Schinken oder als Beilage.
Das A und O sind Salatzutaten mit unterschiedlichem „Biß", zum Beispiel saftige Tomaten, feste Möhren, knackiger Blattsalat, knusprige Nüsse.
Der Phantasie sind bei der Zusammenstellung kaum Grenzen gesetzt. Wichtigste Regel: Salat darf beim Servieren nicht im Dressing schwimmen!
Es soll an den Salatzutaten haften. Am besten also das Dressing separat servieren, kurz durchrühren und mit einem Löffel bei Tisch über den Salat geben.

Wenn etwas übrigbleibt

AUFBEWAHREN

Salate, besonders wenn es sich um Blattsalate handelt, sollten nicht lange mariniert herumstehen, denn sie verlieren Vitamine und Nährstoffe. Sie werden matschig, und das Dressing steht als „Fußbad" in der Schüssel.

ROHKOSTVARIATION

1. Saft von einer Zitrone mit 3 EL Wasser, 1 EL Essig, Salz und Pfeffer verrühren. Mit 1–2 TL Zucker süßen.
2. Je 250 g geschälte Möhren und Knollensellerie grob raspeln.
3. Möhren- und Sellerieraspel mit dem Dressing übergießen (Sellerie wird sonst leicht braun).
4. Drei geschälte, entkernte Äpfel ebenfalls grob raspeln und mit den übrigen Zutaten vermischen.
5. 50 g Wal- oder Haselnußkerne grob hacken und in den Rohkostsalat hineinstreuen.

Marinierte Auberginen mit Röstbrot

EINKAUF

4 Auberginen

Ein Fruchtgemüse mit länglich-ovaler Form. Auberginen haben eine hell- oder dunkelviolette bis fast schwarze Farbe. Das Fruchtfleisch ist weißlich, der Geschmack mild-neutral. Reife Früchte sind fest, haben eine glatte, glänzende Schale und einen knackig-grünen Stiel mit Blattkranz. Auf leichten Druck geben sie nach. Ganzjährig erhältlich. Hauptangebotszeit Juni bis September.

1 Bund Petersilie
Basilikum

Als Bund oder in kleinen Töpfen zu kaufen.

Knoblauch (2 Zehen)
Öl (3/8 l)

Gut geeignet für dieses Gericht ist das kalt gepreßte Olivenöl. Es hat einen feinen, nußähnlichen Geschmack, ist aber verhältnismäßig teuer. Preiswerter: Einfaches Pflanzenöl.

Sambal Oelek

Äußerst scharfe, indonesische Würzsauce oder -paste. Muß sehr sparsam dosiert werden.

1 Baguette

Ersatzweise Weißbrot.

ZUTATEN

3 EL Essig
3/8 l Öl
ca. 1/2 TL Zucker
Salz
1 Msp Sambal Oelek
2 Knoblauchzehen
1 Bund Petersilie
1 Stiel Basilikum
3 EL Mehl (ca. 60 g)
4 Auberginen (ca. 800 g)
1 Baguette (ca. 250 g)

Garniervorschlag:
Basilikumblätter

GERÄTE

Pfanne
Litermaß
Rührschüssel
Schneidbrett
Schneebesen
Messer
Gabel oder Fleischgabel
Eßlöffel
Teelöffel
flache Servierschale

ZEIT

Vorbereitung:
ca. 20 Minuten.

Zubereitung:
ca. 2 Stunden 35 Minuten, davon ca. 2 Stunden Marinierzeit.

KALORIEN/JOULE

pro Person
ca. 1140 kcal/4790 kJ

VORBEREITUNG

1. Knoblauchzehen fein würfeln.
2. Petersilie hacken.
3. Basilikumblätter vom Stiel zupfen und in feine Streifen schneiden.
4. Auberginen unter fließendem kalten Wasser waschen. Stiel und Blattkranz abschneiden.
5. Für die Marinade Essig, Zucker, Salz und die Hälfte des Öls miteinander verrühren. Marinaden: Würzflüssigkeiten, die Speisen — hier dem Gemüse — einen besseren Geschmack verleihen oder Fleisch zarter machen.
6. Baguettebrot in ca. 2 cm dicke Scheiben schneiden.
Mit der Zubereitung des Röstbrotes ca. 15 Minuten vor dem Essen beginnen.

ZUBEREITUNG MARINIERTE AUBERGINEN MIT RÖSTBROT

1. Alle Zutaten griffbereit zusammenstellen.

2. Gehackte Kräuter, Sambal Oelek und Knoblauch zur Marinade geben.

3. Auberginen längs in Scheiben schneiden.

4. Auberginenscheiben in Mehl wenden.

5. Kochplatte auf mittlere Hitze schalten.

6. Etwas von dem restlichen Öl in einer Pfanne erhitzen.

7. Auberginenscheiben von beiden Seiten goldbraun braten.

8. Gebratene Auberginen mit ca. ⅔ der Marinade übergießen.

9. Etwa 2 Stunden marinieren (durchziehen lassen).

10. Backofen auf 200 Grad vorheizen.

11. Brotscheiben mit der restlichen Marinade beträufeln.

12. Etwa 5 Minuten im vorgeheizten Backofen goldbraun backen.

REZEPTVARIATION MARINIERTE ZUCCHINI

1. Anstelle der Auberginen 750 g Zucchini (Enden abschneiden) längs in Scheiben schneiden.

2. 3 EL Essig, ½ TL Zucker, Salz und ⅛ l Öl verrühren. Eine gehackte Knoblauchzehe und ein Bund gehackte Petersilie dazugeben.

3. Weitere Zubereitung wie auf der linken Seite beschrieben (Punkte 4–12).

REZEPTVARIATION MARINIERTE PAPRIKASCHOTEN

1. Fünf mittelgroße Paprikaschoten längs halbieren und entkernen. Mit der Schnittfläche nach unten auf ein gefettetes Backblech legen.

2. Im vorgeheizten Backofen ca. 30 Minuten bei 225 Grad backen. Herausnehmen und vorsichtig die Haut abziehen.

3. Marinade zubereiten, wie bei den Auberginen beschrieben, und über die abgezogenen Paprikaschoten gießen.

Bei Tisch

Dieses Gericht kann als leichter Imbiß oder als Abendessen serviert werden. Besonders beliebt sind kalte marinierte Auberginen (sprich: Obärdschinen) im Sommer. Man findet sie besonders in südlichen Ländern auf der Speisekarte. In Italien beispielsweise unter Antipasti (Vorspeisen). Das Röstbrot ißt man warm dazu.

Wenn etwas übrigbleibt

AUFBEWAHREN
Kühlschrank: 3–4 Tage. Das Röstbrot sollte frisch gegessen werden.

CHAMPIGNON-AUBERGINEN-SALAT
1. 250 g geputzte Champignons blättrig schneiden, mit dem Saft einer Zitrone, 3 EL Sherry, 1 EL Öl, Salz und Pfeffer etwa 20 Minuten durchziehen lassen.
2. Restliche marinierte Auberginen in kleine Stücke schneiden.

3. Eine Zwiebel würfeln und vier Tomaten in Scheiben schneiden.
4. Alle Zutaten locker miteinander mischen. Ideal als Vorspeise.

Tomatensuppe mit Fleischklößchen

EINKAUF

Die Tomatensuppe ist auch ohne Fleischklößchen sehr schmackhaft.

Rinderhackfleisch (250 g)
Die Variante: Gemischtes Hackfleisch — halb Schwein, halb Rind — verwenden, dann wird es etwas preiswerter.

Tomaten (ca. 1 kg)
Besonders gut eignen sich frische Fleischtomaten. Die Alternative: Geschälte Tomaten aus der Dose oder zwei Pakete passierte Tomaten.

4 Zwiebeln
1 Bund Petersilie
Basilikum
Als Bund oder in kleinen Töpfen erhältlich. Die frischen, zartgrünen Basilikumblättchen haben ein feines, süß-scharfes Aroma.

Saure Sahne (⅛ l)
Für dieses Rezept eignet sich am besten flüssige saure Sahne mit mindestens 10% Fettgehalt.

1 Ei
1 Brötchen
Das Brötchen kann altbacken sein.

ZUTATEN

Tomatensuppe

1 EL Butter oder Margarine (20 g)
3 Zwiebeln (ca. 150 g)
1 kg Tomaten
Einige Stiele Basilikum
¾ l Wasser
⅛ l saure Sahne
Salz, Pfeffer

Fleischklößchen

250 g Hackfleisch
1 Zwiebel (ca. 50 g)
1 Brötchen
1 Ei
1 Bund Petersilie
Salz, Pfeffer

Garniervorschlag:
Einige Viertel von abgezogenen, entkernten Tomaten, Petersilie oder Basilikumblätter.

GERÄTE

2 Kochtöpfe
Litermaß
Rührschüssel
Schneidbrett
Sieb
Kochlöffel
Schneebesen
Messer
Eßlöffel
Schöpfkelle

ZEIT

Vorbereitung:
ca. 30 Minuten.

Zubereitung:
ca. 1 Stunde 10 Minuten.

KALORIEN/JOULE

pro Person
Tomatensuppe:
ca. 140 kcal/590 kJ
Fleischklößchen:
ca. 200 kcal/840 kJ

VORBEREITUNG

Tomatensuppe:
1. Zwiebeln halbieren und in grobe Ringe schneiden.
2. Tomaten waschen und vierteln.
3. Basilikumblätter von den Stielen zupfen. Stiele beiseite legen. Petersilienstiele (siehe Vorbereitung Fleischklößchen) dazulegen.

Fleischklößchen:
1. Zwiebel fein würfeln.
2. Brötchen in ¼ l warmem Wasser einweichen.
3. Petersilie hacken (Stiele für die Tomatensuppe beiseite legen).
4. Brötchen gut ausdrücken.

Mit der Zubereitung etwa 30 Minuten vor dem Essen beginnen.

ZUBEREITUNG TOMATENSUPPE

1. Kochplatte auf mittlere Hitze schalten.

2. Zwiebelringe in zerlassener Butter ca. 1 Minute glasig dünsten.

3. Geviertelte Tomaten zugeben.

4. Basilikum- und Petersilienstiele einstreuen.

5. ¾ l Wasser aufgießen.

6. Zugedeckt zum Kochen bringen.

7. Kochplatte auf geringe Hitze herunterschalten.

8. Etwa 25 Minuten sanft kochen, bis die Tomaten zerfallen sind.

9. Suppe in einen anderen Topf seihen.

10. Tomatenreste mit einem Löffel durch das Sieb streichen.

11. Suppe erhitzen, Basilikumblätter fein schneiden und hineinrühren.

12. Saure Sahne unter die Suppe rühren. Mit Salz und Pfeffer würzen.

ZUBEREITUNG FLEISCHKLÖSSCHEN

1. Hackfleisch, Zwiebelwürfel, das gut ausgedrückte Brötchen und das Ei in einer Rührschüssel gut miteinander verkneten.

2. Gehackte Petersilie untermischen und die Hackfleischmasse mit Salz und Pfeffer würzen. Die Hände anfeuchten und aus dem Fleischteig walnußgroße Klöße formen.

3. Fleischklößchen in die heiße, aber nicht kochende Suppe geben. Bei geringer Hitze 20 Minuten garziehen lassen. Fleischklößchen in der Suppe servieren.

Bei Tisch

Die Tomatensuppe mit den Fleischklößchen macht noch satter, wenn sie mit körnig gegartem Reis oder gekochten Nudeln angereichert wird. Die Fleischklößchen schmecken auch in anderen Suppen. Ohne Klößchen eignet sich die Suppe gut als Vorspeise. Einen besonderen Pfiff bekommt sie durch einen Schuß Gin oder Wodka. Kleine, in Knoblauchöl angeröstete Weißbrotwürfel kurz vor dem Servieren über die Tomatensuppe streuen.

Wenn etwas übrigbleibt

AUFBEWAHREN
Kühlschrank: 1—2 Tage.
Gefriergerät: 2—3 Monate.
Tip: Tomatensuppe portionsweise (z. B. in einer Eiswürfelschale) einfrieren. Einzelne Würfel anstelle von Tomatenmark zum Würzen verwenden. Für Gulasch, Braten oder Eintopf geeignet.

FÜR SAUCEN
1. Tomatensuppe mit angerührter Speisestärke oder Saucenbinder andicken.
2. Mit Tomatenmark und etwas Majoran oder Oregano würzen.
3. Zu Fleisch oder Nudelgerichten servieren.

NUDELEINTOPF
1. ½ l Tomatensuppe, 100 g Nudeln, eine gewürfelte Zwiebel und 200 g Rinderhackfleisch mischen.
2. Alles etwa 20 Minuten kochen und mit Salz und Tomatenmark würzen.
3. Zum Schluß feingeschnittene frische Kräuter (z. B. Basilikum, Petersilie) unterrühren.

Erbsensuppe mit gerösteten Weißbrotwürfeln

EINKAUF

Erbsen (ca. 1 kg)

Beste Wahl: Tiefgefrorene Erbsen, weil sie eine Garzeit von nur 10 Minuten haben. Alternative: Frische Schotenerbsen. Dabei muß allerdings ein Schotenabfall von 1,5 kg einkalkuliert werden (Gesamteinkauf 2,5 kg Schotenerbsen). Außerdem verlängert sich die Garzeit je nach Alter der Erbsen um 20—30 Minuten.

2 Zwiebeln

Süße Sahne (⅛ l)

Variante: Flüssige saure Sahne (mindestens 10% Fettgehalt).

Weißbrot (6 Scheiben)

Oder, wenn vorhanden, Toastbrotscheiben.

ZUTATEN

Erbsensuppe

1 EL Butter oder Margarine (20 g)
2 Zwiebeln (ca. 100 g)
1 kg tiefgefrorene Erbsen
¾ l Wasser
⅛ l süße Sahne
Salz, Pfeffer
1 Prise Zucker

Geröstete Weißbrotwürfel

6 Scheiben Weißbrot (ca. 120 g)
1 EL Butter oder Margarine (20 g)
Salz, Pfeffer

Garniervorschlag:
Frische Küchenkräuter.
Für Feinschmecker:
Minzeblättchen.

GERÄTE

Großer Kochtopf
Pfanne
Litermaß
Schneidbrett
Kochlöffel
Messer
Eßlöffel
Elektrisches Handrührgerät mit Pürierstab oder Mixer

ZEIT

Vorbereitung:
ca. 15 Minuten.
Zubereitung:
ca. 30 Minuten.

KALORIEN/JOULE

pro Person
Erbsensuppe:
ca. 370 kcal/1550 kJ
Geröstete Weißbrotwürfel:
ca. 120 kcal/500 kJ

VORBEREITUNG

Erbsensuppe:
1. Zwiebeln fein würfeln.
2. Tiefgefrorene Erbsen müssen nicht aufgetaut werden. Frische Erbsen palen, waschen und abtropfen lassen.

Geröstete Weißbrotwürfel:
Weißbrotscheiben würfeln.

ZUBEREITUNG ERBSENSUPPE

1. Alle Zutaten griffbereit zusammenstellen.

2. Kochplatte auf mittlere Hitze schalten.

3. Fett zerlassen und die Zwiebelwürfel darin glasig dünsten.

4. Tiefgefrorene Erbsen zugeben.

5. ¾ l Wasser aufgießen und alles aufkochen.

6. Kochplatte auf geringe Hitze herunterschalten.

7. Einen Deckel auf den Topf legen.

8. Erbsen ca. 10 Minuten sanft kochen lassen.

9. Mit einem Pürierstab (oder im Mixer) fein zerkleinern (pürieren).

10. Die Suppe soll sämig aussehen.

11. ⅛ l süße Sahne unterrühren.

12. Suppe pfeffern, salzen und mit einer Prise Zucker würzen.

ZUBEREITUNG GERÖSTETE WEISSBROTWÜRFEL

1. Fett bei mittlerer Hitze in einer Pfanne zerlassen.

2. 120 g Weißbrotwürfel dazugeben.

3. Etwa 4 Minuten goldbraun rösten, dabei umrühren. Leicht salzen.

REZEPTVARIATION ERBSENSUPPE MIT MINZE

1. Zubereitung wie auf der linken Seite, Punkte 1–10, beschrieben.

2. Bei Punkt 11 zusammen mit der Sahne 8–10 Blätter gehackte Minze zufügen.

3. Suppe mit Salz, Pfeffer, einer Prise Zucker und Zitronensaft würzen.

Bei Tisch

Diese schnelle kalorienarme Erbsensuppe eignet sich gut als Vorspeise. Feinschmecker-Tip: Vor dem Servieren noch einen Klecks Crème fraîche in die Suppe geben. Allerdings: 1 EL (ca. 20 g) = 70 bis 80 Kalorien.

Wenn etwas übrigbleibt

AUFBEWAHREN

Kühlschrank: 1–2 Tage. Die gerösteteten Weißbrotwürfel sollten frisch gegessen werden. Gefriergerät: 2–3 Monate. Tip: Unaufgetaut mit etwas Brühe oder Milch (damit die Suppe nicht anbrennt) in einen Topf geben und langsam erhitzen.

KARTOFFEL-ERBSEN-PÜREE

1. 750 g geschälte Kartoffeln ca. 20 Minuten kochen. Abgießen und noch heiß durch eine Kartoffelpresse drücken (oder zu Brei zerstampfen). 1 EL Butter unterrühren.
2. Etwa ¼ l der restlichen Erbsensuppe mit dem Püree vermischen. Salzen. Mit etwas Sahne und fünf Blättchen feingeschnittener Zitronenmelisse verfeinern.

ERBSEN-KÄSE-SAUCE

1. ¼ l Erbsensuppe mit ¼ l flüssiger saurer Sahne verrühren und erhitzen.
2. Zwei Ecken Sahne-Schmelzkäse à 62,5 g zufügen und darin auflösen. Salzen und pfeffern.

Überbackene Zwiebelsuppe

EINKAUF

Zwiebeln (1 kg)

Zwiebeln verlieren durch das Kochen an Schärfe. Die meisten Sorten schmecken schon nach kurzer Garzeit mild und leicht süßlich. Extra-milde Variante: Die großen, besonders zarten Gemüsezwiebeln.

Brühwürfel (für 1 l Wasser)

Leichter zu dosieren: Gekörnte Brühe.

Hartkäse (100 g)

Am besten schmeckt Greyerzer (Gruyère). Gut sind auch Gouda und Emmentaler.

Kümmel

Kleine, sichelförmige, herb-aromatische Pflanzensamen. Ganz oder gemahlen (vorsichtig dosieren) im Handel.

Weißbrot (4 Scheiben)

Wenn vorhanden: Toastbrot oder Baguette.

ZUTATEN

1 kg Zwiebeln
1 EL Butter oder Margarine (20 g)
1 l Wasser
Brühwürfel (für 1 l Wasser)
½ TL Kümmel
4 Scheiben Weißbrot (ca. 80 g)
100 g Hartkäse
Salz, Pfeffer

GERÄTE

Kochtopf
Litermaß
Schneidbrett
Kochlöffel
Messer
Eßlöffel
Teelöffel
grobe Raspel
Schöpfkelle
feuerfeste Suppentassen

ZEIT

Vorbereitung:
ca. 30 Minuten.

Zubereitung:
ca. 30 Minuten.

KALORIEN/JOULE

pro Person
ca. 310 kcal/1300 kJ

VORBEREITUNG

1. Zwiebeln in Ringe schneiden. Größere Zwiebeln vorher halbieren. Tip: Zwiebeln vor dem Schälen mit kochendem Wasser übergießen und nach Möglichkeit bei geöffnetem Fenster zerkleinern. Dann fließen nicht so viele Tränen.
2. Käse grob raspeln.

ZUBEREITUNG ÜBERBACKENE ZWIEBELSUPPE

1. Kochplatte auf mittlere Hitze schalten.

2. Fett in einem Topf schmelzen.

3. Zwiebelscheiben darin ca. 2 Minuten glasig dünsten.

4. 1 l Wasser zugießen und aufkochen.

5. Brühwürfel darin auflösen.

6. Bei geringer Hitze ca. 15 Minuten sanft kochen lassen.

7. Mit ½ TL Kümmel und einer Prise Salz würzen.

8. Backofen auf 250 Grad vorheizen. Suppentassen vorwärmen.

9. Brotscheiben auf den Durchmesser der Tassen zurechtschneiden.

10. Zwiebelsuppe in die vorgewärmten Suppentassen schöpfen.

11. Weißbrotscheiben darauflegen und mit Käseraspel bestreuen.

12. Auf der obersten Schiene im Backofen ca. 10 Minuten überbacken.

REZEPTVARIATION ZWIEBEL-SAHNE-SUPPE

1. 500 g Zwiebeln in Ringe schneiden. Größere Zwiebeln vorher halbieren. 1 EL Fett bei mittlerer Hitze zerlassen.

2. Zwiebeln dazugeben und ca. 2 Minuten glasig werden lassen. ½ l Wasser aufgießen und aufkochen.

3. Brühwürfel (für ½ l Wasser) darin auflösen. Bei geringer Hitze ca. 15 Minuten sanft kochen lassen.

4. ½ l süße Sahne zugießen und erhitzen. Pfeffern, salzen und mit einer Prise Zucker süßen.

5. Suppe mit einem Pürierstab oder im Mixer pürieren.

6. Ein Bund Schnittlauch in feine Röllchen schneiden und vor dem Servieren darüberstreuen.

Bei Tisch

Zwiebelsuppe eignet sich als kleine Abendmahlzeit oder als Mitternachts-Imbiß. Sie kann bei großer Personenzahl auch im Topf serviert werden. Die Weißbrotscheiben überbackt man dann separat auf dem Bratrost. Feinschmecker-Tip: Zwiebelsuppe kann auch mit Weißwein statt Brühe oder halb mit Brühe, halb mit Weißwein zubereitet werden.

Wenn etwas übrigbleibt

AUFBEWAHREN

Kühlschrank: 1–2 Tage. Gefriergerät: 2–3 Monate. Unaufgetaut in einen Topf geben und langsam erhitzen.

ZWIEBELSAUCE

1. Restliche Zwiebelsuppe erhitzen und mit einem Schuß Rotwein oder Essig verfeinern.
2. Pfeffern, salzen und mit etwas Zucker abschmecken.

3. Mit Saucenbinder oder in Wasser angerührter Speisestärke sämig rühren. Paßt gut zu Frikadellen oder gebratener Leber.

ZWIEBELEINTOPF

1. Ein Bund Frühlingszwiebeln und eine Gemüsezwiebel kleinschneiden.
2. In 2 EL zerlassener Butter oder Margarine andünsten. 250 g Lauch, in Stücke geschnitten, zufügen.
3. Kurz mitdünsten und restliche Zwiebelsuppe dazugießen. Mit Salz, Pfeffer und Kümmel würzen.

Linseneintopf mit Kochmettwurst

EINKAUF

Geräucherter, durchwachsener Speck (100 g)
4 kleine, geräucherte Kochmettwürste

Alternativen: Kabanossi (Knoblauchwurst), Salami oder einfache Mettwurst.

Kartoffeln (ca. 700 g)
2 Zwiebeln
3 Möhren
¼ Sellerieknolle

Alternative zu Möhren und Sellerie: Ein Bund Suppengrün (Möhren, Lauch, Sellerie, Petersilienwurzel).

1 Bund Schnittlauch
1 Bund Petersilie
Linsen (500 g)

Hinweis: Normale Konsum-Linsen werden bei längerer Lagerung bräunlich, was aber ohne Einfluß auf den ausgeprägten Eigengeschmack ist. Wie alle Hülsenfrüchte sollten sie jedoch nicht länger als ein Jahr aufbewahrt werden. Je älter, desto härter sind sie. Folge: Die Kochzeit wird immer länger. Entgegen weitverbreiteter Ansicht müssen Linsen nicht eingeweicht werden.

ZUTATEN

500 g Linsen
100 g geräucherter, durchwachsener Speck
2 Zwiebeln (ca. 100 g)
3 Möhren (ca. 200 g)
¼ Sellerieknolle (ca. 250 g)
700 g Kartoffeln
1 l Wasser
4 kleine, geräucherte Kochmettwürste (ca. 600 g)
1 Bund Schnittlauch
1 Bund Petersilie
evtl. Salz, Pfeffer

Garniervorschlag: Petersilie und Schnittlauch.

GERÄTE

Großer Kochtopf
Litermaß
Rührschüssel
Schneidbrett
Sieb
Kochlöffel
Messer
Sparschäler

ZEIT

Vorbereitung:
ca. 30 Minuten.
Zubereitung:
ca. 1 Stunde 20 Minuten davon 1 Stunde reine Garzeit.
Schnellkochtopf:
ca. 20 Minuten.

KALORIEN/JOULE

pro Person
Linseneintopf:
ca. 780 kcal/3280 kJ
Kochmettwurst:
ca. 480 kcal/2020 kJ

VORBEREITUNG

1. Speck in Scheiben schneiden.
2. Zwiebeln fein würfeln.
3. Möhren, Sellerie, Kartoffeln schälen und waschen. Kartoffeln mit kaltem Wasser bedecken, damit sie nicht grau werden (erst kurz vor der Verwendung, Phasenfoto 5, zerkleinern, sonst laugen sie aus und die Nährstoffe gehen verloren).
4. Möhren in Stifte schneiden. Sellerie würfeln.
5. Schnittlauch und Petersilie erst kurz vor dem Servieren fein schneiden.

ZUBEREITUNG LINSENEINTOPF

1. Linsen in einer Schüssel mit kaltem Wasser säubern.

2. Zum Abtropfen in ein Sieb schütten.

3. Kochplatte auf mittlere Hitze schalten.

4. Speckscheiben zum Ausbraten des Fetts in den Topf legen.

5. Zwiebelwürfel zugeben und mit dem Speck goldbraun braten.

6. Möhrenstifte und Kartoffelwürfel zugeben.

7. Selleriewürfel ebenfalls kurz mitbraten.

8. Abgetropfte Linsen zu dem Gemüse geben.

9. 1 l Wasser aufgießen, umrühren und zum Kochen bringen.

10. Kochmettwürste hineinlegen. Topf zudecken.

11. Bei geringer Hitze ca. 1 Stunde köcheln. Kräuter fein schneiden.

12. Schnittlauch und Petersilie unterrühren.

REZEPTVARIATION LINSENGEMÜSE

1. 800 g Linsen in einer Schüssel mit kaltem Wasser säubern. Wie beim Linseneintopf auf der linken Seite beschrieben, mit der Zubereitung verfahren (Punkte 1—5).

2. Abgetropfte Linsen zugeben und 1 l Wasser aufgießen. Deckel aufsetzen. Aufkochen.

3. Auf geringe Hitze herunterschalten und ca. 50 Minuten köcheln lassen. Salzen, pfeffern und mit frischen Kräutern würzen. Als Beilage servieren.

Bei Tisch

Ob mit Linsen, Erbsen oder Bohnen — Eintöpfe sind Gerichte für die kalte Jahreszeit. Der kernige Linseneintopf ist ein sogenannter Löffeleintopf, weil man ihn nur mit dem Eßlöffel ißt. Darum vor dem Servieren die Würste herausfischen und in mundgerechte Bissen zerteilen. Feinschmecker-Tip: Essig zum Säuern und Senf zum Schärfen auf den Tisch stellen.

Wenn etwas übrigbleibt

AUFBEWAHREN

Kühlschrank: 1—2 Tage. Gefriergerät: 2—3 Monate. Tip: Unaufgetaut mit etwas Brühe (Instant) oder Wasser (damit der Eintopf nicht anbrennt) in einen Topf geben und langsam erhitzen.

LINSEN MIT NUDELN

1. Je zwei gewürfelte Zwiebeln und Knoblauchzehen in 2 EL Öl andünsten.
2. Etwas getrockneten Majoran und Thymian zufügen.
3. Etwa 500 g Linseneintopf (ohne Wurst) dazugeben und alles miteinander verrühren.
4. Etwa 500 g gekochte Nudeln (ca. 125—150 g roh) untermischen.
5. Salzen, pfeffern und mit Olivenöl abschmecken.
6. Wenn vorhanden, kleingeschnittene Wurstscheiben zufügen.

LINSENSUPPE

1. Restlichen Linseneintopf (ohne Wurst) mit Instantbrühe verlängern.
2. Mit dem Pürierstab des elektrischen Handrührgerätes oder im Mixer pürieren.
3. Püree erhitzen und mit Crème fraîche oder saurer Sahne verfeinern.
4. Salzen und pfeffern.
5. Zum Schluß etwas frischen Thymian und die noch vorhandenen Wurstscheiben darin heiß werden lassen.

Ratatouille

EINKAUF

3 Paprikaschoten

Die Farbe der Paprikaschoten spielt bei diesem Gericht keine Rolle.

Auberginen (ca. 400 g)

Feste, glatte, glänzende Früchte mit knackiggrünem Stiel und Blattkranz kaufen. Ganzjährig erhältlich. Hauptangebotszeit Juni bis September.

Zucchini (ca. 300 g)

Ein weiß- bis dunkelgrünes, gurkenähnlich geformtes Gemüse. Kaum Abfall, denn Zucchini müssen nicht geschält werden. Ganzjährig erhältlich. Hauptangebotszeit Juni bis August.

4 Zwiebeln
Knoblauch (2 Zehen)
4 Tomaten
1 Bund Petersilie
Basilikum

Als Bund oder in kleinen Töpfen zu kaufen. Frische Basilikumblättchen haben ein feines, süßlichscharfes Aroma.

Thymian

Hocharomatisches, zartbitteres Küchenkraut aus Südeuropa. Gibt's frisch als Bund, in kleinen Töpfen oder getrocknet. Getrockneter Thymian wird mitgekocht, frischer zum Schluß untergerührt.

ZUTATEN

3 Paprikaschoten (ca. 600 g)
400 g Auberginen
300 g Zucchini
4 Zwiebeln (ca. 200 g)
2 Knoblauchzehen
4 Tomaten (ca. 250 g)
1 Bund Petersilie
1 Stiel Basilikum
1 Zweig Thymian
3 EL Öl
Salz, Pfeffer

GERÄTE

Kochtopf
Schneidbrett
Kochlöffel
Messer
Eßlöffel

ZEIT

Vorbereitung:
ca. 40 Minuten.

Zubereitung:
ca. 45 Minuten, davon ca. 25 Minuten reine Garzeit.

KALORIEN/JOULE

pro Person
ca. 170 kcal/710 kJ

VORBEREITUNG

1. Paprikaschoten längs halbieren und entkernen. In Streifen schneiden.
2. Zwiebeln und Knoblauchzehen fein würfeln.
3. Tomaten abziehen, vierteln und entkernen.
4. Auberginen waschen, Stiel und Blattkranz abschneiden. Quer in Scheiben schneiden.
5. Zucchini waschen, Enden abschneiden. Quer in Scheiben schneiden.
6. Thymianblättchen vom Zweig zupfen.
7. Basilikumblätter vom Stiel zupfen. Erst kurz vor dem Essen, bei Punkt 11 der Zubereitung, fein schneiden. Dann auch die Petersilie hacken, sonst werden die Kräuter zu trocken.

ZUBEREITUNG RATATOUILLE

1. Kochplatte auf mittlere Hitze schalten.

2. Öl in einen Topf gießen und erhitzen.

3. Zucchini- und Auberginenscheiben in das heiße Öl legen.

4. In ca. 4 Minuten unter Wenden goldbraun braten.

5. Zwiebel- und Knoblauchwürfel einstreuen und kurz mitbraten.

6. Paprikastreifen und Tomatenviertel zugeben.

7. Kochplatte auf geringe Hitze herunterschalten.

8. Getrockneten Thymian einstreuen, umrühren und Deckel aufsetzen.

9. Etwa 25 Minuten dünsten, bis das Gemüse weich ist.

10. Salzen und pfeffern.

11. Die Flüssigkeit weitere 5 Minuten im offenen Topf verkochen lassen.

12. Zum Schluß die Kräuter unter die Ratatouille rühren.

REZEPTVARIATION

1. Ratatouille wie beschrieben vorbereiten. Zusätzlich je einen Zweig Thymian und Majoran — frisch oder getrocknet — und ein Lorbeerblatt zusammenbinden.

2. 300 g mehligkochende Kartoffeln schälen, waschen und in Scheiben schneiden. Zubereitung wie auf der linken Seite beschrieben.

3. Bei Punkt 6 Kräutersträußchen und Kartoffeln mit den anderen Zutaten zugeben. Vor dem Servieren das Kräutersträußchen herausnehmen.

Bei Tisch

Eine Ratatouille (sprich: Rattatuj) ist ein Gemüseeintopf und stammt aus Südfrankreich. Sie ist aber in allen warmen Mittelmeerländern sehr verbreitet und besteht immer aus folgenden Grundzutaten: Auberginen, Tomaten, Zwiebeln und Olivenöl. Das Anreichern mit anderen Gemüsesorten — wie hier Paprikaschoten und Zucchini — ist aber auch Tradition. Ratatouille kann heiß und kalt serviert werden. Gut geeignet als Vorspeise, leichtes Hauptgericht oder Beilage. Dazu passen Baguette, Reis, kurzgebratenes Fleisch oder Rinderbraten.

Wenn etwas übrigbleibt

AUFBEWAHREN

Kühlschrank: 1—2 Tage. Ratatouille ist schneller zubereitet als aufgetaut. Tip: Soll es eingefroren werden, das Gemüse nicht zu weich, sondern bißfest garen. Gefriergerät: 2—3 Monate.

FLEISCH-GEMÜSE-PFANNE

1. 250 g Rinderhackfleisch in 3 EL heißem Öl anbraten, dabei mit dem Kochlöffel zerkrümeln.
2. Zwei geschälte, gewürfelte Zwiebeln zugeben und kurz mitbraten. 250 g gewaschenen, in Röllchen geschnittenen Lauch hineinrühren.
3. Zugedeckt ca. 5 Minuten dünsten. Mit der restlichen Ratatouille und einem $1/8$ l Rotwein mischen. Erhitzen, salzen und pfeffern.

EIERKUCHEN

1. 2 EL Öl in einer Pfanne erhitzen. Etwas von der restlichen Ratatouille auf dem heißen Öl verteilen und flachdrücken.
2. Zwei mit Salz und Pfeffer verquirlte Eier darübergießen. Zugedeckt bei geringer Hitze festwerden (stocken) lassen. Mit Schnittlauchröllchen bestreut servieren.

Gemüsegratin

EINKAUF

Brokkoli (ca. 1 kg)
Naher Verwandter des Blumenkohls mit grünen oder purpurfarbenen Knospen. Stiele und Knospen müssen fest und geschlossen sein. Verwelkte Stiele und Blätter sowie geöffnete oder gelbliche Knospen sind ein Kennzeichen für schlechte Qualität. Ganzjährig erhältlich. Alternative: Blumenkohl.

Möhren (ca. 500 g)
Zucchini (ca. 250 g)
Weiß- bis dunkelgrünes, gurkenähnliches Gemüse. Kaum Abfall, denn Zucchini müssen nicht geschält werden. Ganzjährig erhältlich. Hauptangebotszeit: Juni bis August.

Süße Sahne (⅜ l)
Variante: Crème fraîche (sprich: krähm fräsch). Besonders milder, leicht säuerlicher Geschmack. Ist teurer und hat einen höheren Fettgehalt (zwischen 30 und 40 Prozent).

Parmesankäse (150 g)
Frischer Parmesankäse ist geschmacklich dem „Tütenparmesan" vorzuziehen. Ausweichmöglichkeit: Anderer Hartkäse wie Emmentaler.

ZUTATEN

1 kg Brokkoli
500 g Möhren
250 g Zucchini
⅜ l süße Sahne
150 g Parmesankäse
Salz, Pfeffer

GERÄTE

Großer Kochtopf
Litermaß
kleine Rührschüssel
Schneidbrett
Sieb
Messer
Sparschäler
Eßlöffel
Teelöffel
Schaumkelle
feuerfeste Form (flach) oder Gratinform (siehe großes Foto)
Reibe

ZEIT

Vorbereitung:
ca. 30 Minuten.
Zubereitung:
ca. 45 Minuten.

KALORIEN/JOULE
pro Person
ca. 540 kcal/2270 kJ

VORBEREITUNG

1. Brokkoli waschen und putzen: Blätter entfernen. Die Brokkolistiele sind sehr zart und können mitgegessen werden. Stiele schälen. Dabei am unteren Stielende einschneiden und die Schale bis zu den Knospen hin abziehen. Lange Stiele abschneiden und in Stücke zerteilen.
2. Möhren waschen und mit einem Sparschäler schälen. In etwa ½ cm dicke Scheiben schneiden.
3. Zucchini unter fließendem kalten Wasser waschen, Enden abschneiden. In ca. 1 cm dicke Scheiben schneiden.
4. Parmesankäse fein reiben.

ZUBEREITUNG GEMÜSEGRATIN

1. Backofen auf 250 Grad vorheizen.

2. Leicht gesalzenes Wasser in einem Topf bei starker Hitze aufkochen.

3. Auf mittlere Hitze herunterschalten.

4. Brokkoliröschen und Möhrenscheiben ins kochende Wasser geben.

5. Beides ca. 5 Minuten sanft kochen lassen.

6. Zucchinischeiben dazugeben.

7. Etwa 1 Minute mitgaren.

8. Gemüse in ein Sieb schütten und abtropfen lassen.

9. Abgetropftes Gemüse in eine feuerfeste Form schichten.

10. Sahne und Parmesankäse miteinander verrühren.

11. Salzen und pfeffern. Käsesahne über das Gemüse gießen.

12. Auf der obersten Schiene des Backofens 10–15 Minuten überbacken.

REZEPTVARIATION SPINATGRATIN

1. 1 kg frischen Spinat verlesen (welke Blätter aussortieren). Von den groben Stielen zupfen.

2. Spinatblätter so lange in kaltem Wasser säubern, bis der Sand völlig herausgespült ist.

3. Abtropfen lassen und grob hacken. In eine gefettete flache, feuerfeste Form geben.

4. Backofen auf 200 Grad vorheizen. Spinat mit ca. 75 g Semmelbrösel bestreuen.

5. 50 g zerlassene Butter über die Semmelbrösel träufeln, damit sie schön braun werden.

6. Im vorgeheizten Backofen ca. 30–40 Minuten knusprig braun backen.

Bei Tisch

Gemüsegratins sind als Vorspeise, leichtes Hauptgericht oder als Beilage zu Nudelgerichten, kurzgebratenem Fleisch oder Fisch geeignet. Man kann sie direkt in der Auflauf- oder Gratinform servieren. Feinschmecker-Tip: Die Form mit etwas Butter und einer geschälten Knoblauchzehe ausreiben.

Wenn etwas übrigbleibt

Das Gemüsegratin erhält während der Zubereitung eine goldbraune Kruste. Ein erneutes Aufwärmen empfiehlt sich nicht, weil das Gemüse zu trocken werden kann.

Kartoffelgratin

EINKAUF

Geräucherter Schinken (ca. 50 g)
Möglichst magerer Schinken ohne großen Fettrand, in Scheiben geschnitten. Teure Alternative: Lachsschinken. Billige Alternative: Den Schinken weglassen, vor allem, wenn das Gratin als Beilage serviert wird.

Kartoffeln (1,25 kg)
Beste Sorte: Eine festkochende oder vorwiegend festkochende Kartoffel, die beim Garen nicht zerfällt.

Vollmilch (¼ l)
Süße Sahne (½ l)
Das unverwechselbare Aroma der Sahne ist ein ganz wichtiger Bestandteil des Gratins, weil es den Kartoffelgeschmack intensiviert.

Hartkäse (100 g)
Beste Sorte: Greyerzer (Gruyère). Außerdem empfehlenswert: Emmentaler oder alter Gouda.

ZUTATEN

1250 g Kartoffeln
1 TL Butter oder
Margarine (ca. 10 g)
50 g magerer
geräucherter Schinken
¼ l Milch
½ l süße Sahne
100 g Hartkäse
Salz, Pfeffer

GERÄTE

Litermaß
Schneidbrett
Messer
Sparschäler
Teelöffel
grobe Raspel
feuerfeste Auflaufform oder Gratinform

ZEIT

Vorbereitung:
ca. 20 Minuten.
Zubereitung:
ca. 1 Stunde 20 Minuten, davon ca. 1 Stunde reine Garzeit.

KALORIEN/JOULE
pro Person
ca. 830 kcal/3490 kJ

VORBEREITUNG

1. Kartoffeln mit einem Sparschäler schälen. Waschen und bis zum Zubereiten in kaltes Wasser legen, damit sie nicht grau werden.
2. Schinken in etwa 4 cm lange, schmale Streifen schneiden.
3. Käse grob raspeln.
Tip: Ein Gemüsehobel oder ein elektrischer Allesschneider sind erheblich schneller als ein Küchenmesser, wenn die Kartoffeln in Scheiben geschnitten werden.

ZUBEREITUNG KARTOFFELGRATIN

1. Backofen auf 200 Grad vorheizen.

2. Feuerfeste Form gleichmäßig einfetten.

3. Kartoffeln in möglichst dünne Scheiben schneiden oder hobeln.

4. Eine Schicht Kartoffelscheiben dachziegelartig in die Form legen.

5. Mit Pfeffer und einer Prise Salz bestreuen.

6. Die Hälfte der Schinkenstreifen darauf verteilen.

7. Mit einer zweiten Schicht Kartoffelscheiben bedecken.

8. Erneut würzen und die restlichen Schinkenstreifen darübergeben.

9. Mit einer weiteren Schicht Kartoffelscheiben abdecken.

10. Milch und Sahne gleichmäßig darübergießen.

11. Mit geraspeltem Käse bestreuen und in den Backofen schieben.

12. Etwa 1–1½ Stunden garen (goldbraun werden lassen).

REZEPTVARIATION KARTOFFEL-MÖHREN-GRATIN

1. Halb Kartoffeln, halb Möhren (ebenfalls fein gehobelt) verwenden.

2. Abwechselnd dachziegelartig schichten. Zwischen den Lagen vorsichtig würzen.

3. Übrige Zubereitung wie auf der linken Seite (Punkte 10–12) beschrieben.

REZEPTVARIATION ANNA-KARTOFFELN

1. Backofen auf 200 Grad vorheizen. Etwa 200 g Butter bei mittlerer Hitze schmelzen. Kurz aufschäumen lassen.

2. Schaum (geronnenes Eiweiß) mit einem Löffel oder einer Schaumkelle abschöpfen.

3. 500 g geschälte, in Scheiben geschnittene Kartoffeln dachziegelartig in flache, feuerfeste Förmchen schichten.

4. Zwischen den Lagen vorsichtig salzen und pfeffern.

5. Heiße Butter gleichmäßig über die Kartoffelscheiben gießen.

6. Im vorgeheizten Backofen ca. 25 Minuten goldbraun backen. Stürzen.

Bei Tisch

In Frankreich kennt man das Kartoffelgratin (sprich: grateñ) unter dem Namen „gratin dauphinois" (sprich: dofinoá) und in Amerika als „scalloped potatoes" (sprich: skállopt potáitos). Ein preiswertes und obendrein delikates Gericht zum Sattessen. Ohne den Schinken eine ideale Beilage. Dafür kann das Gratin auch in kleinen Portions-Gratinförmchen zubereitet werden. Die Garzeit beträgt dann nur ca. 30–40 Minuten.
Zu kurzgebratenem Fleisch, Fisch und anderen saucenlosen Gerichten.

Wenn etwas übrigbleibt

Das Kartoffelgratin bekommt während der Zubereitung eine cremige Konsistenz. Das Aufwärmen empfiehlt sich nicht, weil das Fett sich dadurch verdichten und die Sahne gerinnen (ausflocken) würde. Außerdem können die Kartoffelscheiben leicht zu trocken werden.

Spargel mit Schinken und Kräuter-Ei-Butter

EINKAUF

Geräucherter Schinken (ca. 500 g)

Beste Sorte: Magerer Schinken ohne großen Fettrand. In hauchdünne Scheiben schneiden lassen. Dickere Scheiben eignen sich eher zum Würfeln.

Spargel (ca. 2,5 kg)

Als Vorspeise genügt die Hälfte. Angeboten werden zwei Hauptsorten. Grüner Spargel ist meist kräftiger und aromatischer im Geschmack. Er braucht normalerweise nicht geschält zu werden. Er ist teurer. Weißen oder bläulich-weißen Spargel gibt es in den Handelsklassen Extra, I und II. Beste Wahl: Festköpfiger Spargel, dessen Schnittstellen nicht bräunlich oder vertrocknet aussehen. Die Stangen sollen möglichst gerade sein. Verhältnismäßig teuer. Hauptangebotszeit: Mai/Juni in Deutschland.

1 Bund Petersilie

Alternative: Schnittlauch.

Butter (200 g)
1 Ei

ZUTATEN

Spargel

2,5 kg Spargel
Wasser
1 EL Butter oder Margarine (ca. 20 g)
½ TL Zucker
Salz
500 g geräucherter Schinken

Kräuter-Ei-Butter

200 g Butter
1 Ei
1 Bund Petersilie

Garniervorschlag:
Etwas Petersilie.

GERÄTE

2 Kochtöpfe
Schneidbrett
Kochlöffel
Messer
Sparschäler oder Spargelschäler
Teelöffel
Schaumkelle
Küchenband
Stecknadel oder Eipick

ZEIT

Vorbereitung:
ca. 20 Minuten.

Zubereitung:
ca. 45 Minuten.

KALORIEN/JOULE

pro Person

Spargel:
ca. 140 kcal/590 kJ

Schinken:
ca. 430 kcal/1810 kJ

Kräuter-Ei-Butter:
ca. 410 kcal/1720 kJ

VORBEREITUNG

Spargel:
1. Von Küchengarn oder Zwirn vier Fäden von je 1 Meter Länge zum Bündeln des Spargels abschneiden.
2. Spargelvorbereitung (siehe Phasenfotos 1 und 2) kann am Vortag erfolgen. In ein feuchtes Tuch gewickelt im Kühlschrank aufbewahren.

Kräuter-Ei-Butter:
1. Wasser in einem kleinen Topf aufkochen.
2. Ei am stumpfen Ende mit einer Nadel oder einem Eipick einstechen, damit die Schale beim Kochen nicht platzt.
3. Ei mit einem Eßlöffel ins kochende Wasser heben. Gardauer: 8—10 Minuten.
4. Gekochtes Ei unter kaltem Wasser abschrecken. Es läßt sich dann leichter pellen.
5. Ei pellen und fein hacken.
6. Petersilie erst kurz vor Beginn der Zubereitung hacken (wird sonst trocken).
Mit der Zubereitung ca. 15 Minuten vor dem Essen beginnen (wenn der Spargel gart).

ZUBEREITUNG SPARGEL

1. Spargel schälen. Etwa 2 cm unterhalb des Kopfes damit beginnen.

2. Holzige Enden abschneiden. Spargel pfundweise portionieren.

3. Spargel bündeln: 20 cm Garn hängen lassen, Rest 3x herumwickeln.

4. Schräg zu den Spargelenden führen, erneut dreimal herumwickeln.

5. Küchengarnenden überkreuzen und miteinander verknoten.

6. Kochplatte auf mittlere Hitze schalten.

7. Wasser im halbgefüllten Topf mit Fett, Salz und Zucker aufkochen.

8. Spargelbündel in das kochende Wasser gleiten lassen.

9. Etwa 15 Minuten bei geringer Hitze sanft kochen lassen.

10. Spargelbündel aus dem Kochwasser heben, abtropfen lassen.

11. Vor dem Servieren Küchengarn in der Mitte zerschneiden.

12. Garn nach links und rechts ziehen, damit das Bund seine Form behält.

ZUBEREITUNG KRÄUTER-EI-BUTTER

1. Butter bei geringer Hitze schmelzen, Schaum abschöpfen.

2. Topf vom Herd nehmen. Gehackte Petersilie und das Ei zugeben.

3. Umrühren und sofort servieren.

Bei Tisch

Ein klassisches Gericht: Spargel mit Schinken. Vor dem Servieren den Schinken dekorativ auf den Eßtellern anrichten. Ohne Schinken auch als Vorspeise geeignet. Spargel kann mit dem Messer zerteilt oder „stangenweise" gegessen werden. Dazu das Kopfende des Spargels mit der Gabel und das Spargelende mit dem Messer vom Teller heben. Spargelstange mit dem Kopf voran zum Mund führen und den Rest langsam nachschieben. Übrigens: Bei Spargel sind sogar die Finger als Eßwerkzeuge erlaubt!

Wenn etwas übrigbleibt

AUFBEWAHREN

Kühlschrank: 1–3 Tage. Spargel möglichst mit dem Kochwasser bedeckt aufbewahren. Kräuter-Ei-Butter vorsichtig langsam erhitzen (schmelzen lassen).
Gefriergerät: Gekochter Spargel 2–3 Monate. Gefroren in heißem Wasser erhitzen (der Spargel wird allerdings sehr weich). Tip: Nicht benötigten Spargel schälen, ca. 3 Minuten blanchieren, in Eiswasser abkühlen und einfrieren. Noch gefroren zum Garen ins Wasser geben (Garzeit: ca. 10 Minuten).

SPARGELSUPPE

1. Spargelschalen im Spargel-Kochwasser nicht länger als 20 Minuten auskochen. Brühe durch ein Sieb in einen anderen Topf gießen, Spargelschalen wegwerfen. Etwa 1 l Spargelfond abmessen und erneut erhitzen.

2. 100 g Butter mit 50 g Mehl sorgfältig verkneten und mit dem Schneebesen in den Spargelfond einrühren.
3. Aufkochen, bis die Brühe sämig wird. Salzen und eine Prise Zucker zugeben.
4. Zwei Eigelb mit 4 EL Milch oder Sahne verrühren und am Herdrand die Suppe damit legieren. Nicht mehr aufkochen!
5. Restliche Spargelstangen in mundgerechte Stücke schneiden und in der Suppe heiß werden lassen.

Blumenkohl mit Bröselbutter, Frikadellen und Salzkartoffeln

EINKAUF

Rinderhackfleisch (500 g)
Die preiswerte und pikante Variante: Gemischtes Hackfleisch — halb Schwein, halb Rind.

1 Kopf Blumenkohl
Kleine, lockere Köpfe sind zwar billiger, fallen aber nach dem Kochen leichter auseinander. Soll der Blumenkohl im ganzen serviert werden, ist ein größerer Kopf mit fest geschlossenen Röschen erforderlich.

2 Zwiebeln
Kartoffeln (750 g)
Beste Wahl als Beilage: Eine mehlige oder vorwiegend festkochende Sorte.

2 Bund Petersilie
Butter (150 g)
1 Ei
1 Brötchen
Das Brötchen kann altbacken sein.

Semmelbrösel (100 g)
Entweder fertig gerieben kaufen oder von trockenem Weißbrot, Zwieback oder Brötchen selbst reiben.

ZUTATEN

Blumenkohl
1 Kopf Blumenkohl (ca. 1 kg)
½ TL Salz
Bröselbutter
150 g Butter
100 g Semmelbrösel
1 Bund Petersilie
Salz
Frikadellen
500 g Hackfleisch
2 Zwiebeln (ca. 100 g)
1 Ei
1 Brötchen
1 Bund Petersilie
Salz, Pfeffer
1 EL Butter oder Margarine (ca. 20 g)
Salzkartoffeln
750 g Kartoffeln
Salz

Garniervorschlag:
Petersilie.

GERÄTE

3 Kochtöpfe (1 großer)
Pfanne
Rührschüssel
Schneidbrett
Kochlöffel
Messer
Eßlöffel
Teelöffel
Schaumkelle
Bratenwender
evtl. elektrisches Handrührgerät
Holzspießchen

ZEIT

Vorbereitung:
ca. 45 Minuten.
Zubereitung:
ca. 55 Minuten.

KALORIEN/JOULE
pro Person

Blumenkohl:
ca. 40 kcal/168 kJ
Bröselbutter:
ca. 380 kcal/1600 kJ
Frikadellen:
ca. 500 kcal/2100 kJ
Salzkartoffeln:
ca. 130 kcal/550 kJ

VORBEREITUNG

Blumenkohl:
Blumenkohl putzen, dabei die grünen Blätter entfernen. Strunk kreuzweise einschneiden, damit er weich wird.

Bröselbutter:
Petersilie kurz vor der Verwendung (Phasenfoto 9) hacken. Mit der Zubereitung 10 Minuten vor dem Essen beginnen.

Frikadellen:
1. Brötchen in ¼ l warmem Wasser einweichen.
2. Zwiebeln fein würfeln.
3. Petersilie hacken.
4. Brötchen ausdrücken.
Mit der Zubereitung etwa 20 Minuten vor dem Essen beginnen.

Salzkartoffeln:
Kartoffeln schälen, waschen und mit kaltem Wasser bedecken, damit sie nicht grau werden. Mit der Zubereitung etwa 30 Minuten vor dem Essen beginnen.

ZUBEREITUNG BLUMENKOHL (1—9)
ZUBEREITUNG BRÖSELBUTTER (10—12)

1. Blumenkohl zum Säubern in leicht gesalzenes kaltes Wasser legen.

2. Etwa 15 Minuten darin liegenlassen.

3. Einen Kochtopf zur Hälfe mit Wasser füllen. Salzen.

4. Kochplatte auf starke Hitze schalten.

5. Blumenkohl (Strunk nach unten) in das kochende Wasser geben.

6. Kochplatte auf geringe Hitze herunterschalten.

7. Zugedeckt etwa 30 Minuten garen.

8. Garprobe: Ein Holzspießchen muß sich leicht einstechen lassen.

9. Blumenkohl abtropfen lassen. Mit Bröselbutter servieren.

10. Butter bei mittlerer Hitze schmelzen, Semmelbrösel hineinstreuen.

11. Semmelbrösel unter ständigem Rühren leicht anrösten.

12. Gehackte Petersilie dazugeben, unterrühren und salzen.

ZUBEREITUNG FRIKADELLEN

1. Hackfleisch, Zwiebelwürfel, Ei und gut ausgedrücktes Brötchen in eine Rührschüssel geben.

2. Alles gut miteinander verkneten. Salzen, pfeffern und gehackte Petersilie daruntermischen. Frikadellen formen.

3. Fett bei mittlerer Hitze in einer Pfanne zerlassen. Frikadellen von jeder Seite ca. 4 Minuten braten.

ZUBEREITUNG SALZKARTOFFELN

1. Kartoffeln in einen Topf geben und mit kaltem Wasser bedecken (bei einem gut schließenden Topf ohne Dampföffnung genügt ½ l Wasser). Leicht salzen.

2. Zugedeckt bei starker Hitze aufkochen. Bei geringer Hitze ca. 20 Minuten garen. Garprobe: Ein Holzspießchen muß sich leicht hineinstechen lassen.

3. Wasser abgießen: Topfdeckel leicht versetzt auf dem Topf lassen. Griffe und Topfdeckel mit Topflappen gleichzeitig festhalten.

Bei Tisch

Alles zusammen serviert ergibt eine herzhafte Hauptmahlzeit. Die wohlschmeckende, aber verhältnismäßig kalorienreiche Bröselbutter kann auch weggelassen werden. Wenn's vegetarisch sein soll, läßt man die Frikadellen weg. Der Blumenkohl mit Bröselbutter paßt als Beilage auch gut zu Schweine- oder Rinderbraten.

Wenn etwas übrigbleibt

AUFBEWAHREN

Kühlschrank: Blumenkohl 1—2 Tage. Salzkartoffeln und Frikadellen: 2—3 Tage. Verwendungstip: Salzkartoffeln zu Bratkartoffeln weiterverarbeiten. Frikadellen kalt essen.
Gefriergerät: Der gegarte Blumenkohl sollte nicht eingefroren werden. Er zerfällt bei erneutem Erhitzen. Frikadellen: 2—3 Monate.

BLUMENKOHLSUPPE

1. Etwa 1 l vom Blumenkohlwasser abmessen und aufkochen.
2. Mit Mehl und Butter (im Verhältnis 1:1 verkneten) oder Saucenbinder andicken.
3. Salzen, pfeffern und mit einer Prise Zucker sowie frisch geriebenem Muskat abschmecken.
4. 100 g Crème fraîche unterrühren.
5. Restlichen Blumenkohl, in Röschen zerteilt (Strunk kleingeschnitten), in der Suppe erhitzen.

KARTOFFEL-FRIKADELLEN-PFANNE

1. Restliche Frikadellen würfeln, Kartoffeln in Scheiben schneiden.
2. In einer großen Pfanne 2 EL Fett zerlassen (mittlere Hitze).
3. Zwei gewürfelte Zwiebeln darin andünsten.
4. Kleingeschnittene Frikadellen und Kartoffeln hineingeben und bei gleicher Hitze knusprig braun braten.
5. Salzen und pfeffern.

Spinat mit pochiertem Ei und Kartoffelpüree

EINKAUF

Frischer Spinat (1 kg)
Zwei Sorten sind im Handel: Der kleinblättrige, geschnittene Blattspinat und Wurzelspinat — er hat größere Blätter und ist meist preiswerter, weil er in kleinen Büscheln (mit Wurzelansatz) geerntet wird. Frischen Spinat am besten gleich nach dem Einkauf verarbeiten. Er verliert schnell Aroma und Nährstoffe (besonders Vitamin C).

Knoblauch (1 Zehe)
Gibt dem Spinat ein feines Aroma, wenn man die ganze Zehe zum Umrühren auf eine Gabel steckt.

Kartoffeln (1 kg)
Am besten für Püree: Eine mehlige, weichkochende Sorte.

Butter (70 g)
Vollmilch (¼ l)
Feiner (aber kalorienreicher): süße Sahne.

4 Eier
Wichtig: Die Eier müssen frisch sein (Abpackdatum beachten)! Ältere Eier können beim Pochieren (Garziehen) auseinanderfließen, das Eigelb kann platzen.

Essig

ZUTATEN

Spinat
1 kg frischer Spinat
1 EL Butter (20 g)
1 Knoblauchzehe
Salz

Eier
4 Eier
6 EL Essig

Kartoffelpüree
1 kg Kartoffeln
50 g Butter
¼ l Milch
Salz, Pfeffer
evtl. Muskat

Garniervorschlag:
Kartoffelpüree in einen Spritzbeutel mit Sterntülle füllen (Vorsicht, heiß, Handtuch um den Spritzbeutel legen). Dekorativ (wie auf dem großen Foto) auf den Teller spritzen.

GERÄTE

3 Kochtöpfe (1 großer)
Pfanne
Litermaß
2 Rührschüsseln
Sieb
Kochlöffel
Messer
Gabel
Eßlöffel
Schaumkelle
Kartoffelpresse oder -stampfer
Tasse
evtl. Spritzbeutel mit Sterntülle
Handtuch
Holzspießchen

ZEIT

Vorbereitung:
ca. 30 Minuten.

Zubereitung:
ca. 45 Minuten.

KALORIEN/JOULE

pro Person

Blattspinat:
ca. 90 kcal/380 kJ

Pochiertes Ei:
ca. 90 kcal/380 kJ

Kartoffelpüree:
ca. 310 kcal/1300 kJ

VORBEREITUNG

Spinat:
1. Spinat verlesen (welke Blätter aussortieren), von den groben Stielen zupfen, vorhandene Wurzeln entfernen und größere Blätter zerteilen.
2. Spinatblätter so lange in kaltem Wasser säubern, bis der Sand völlig herausgespült ist. Abtropfen lassen.
3. Knoblauchzehe auf eine Gabel spießen.
4. Leicht gesalzenes Wasser in einem großen Topf aufkochen.

Pochiertes Ei:
Mit der Zubereitung etwa 15 Minuten vor dem Essen beginnen.

Kartoffelpüree:
Kartoffeln schälen, waschen und mit Wasser bedecken, damit sie nicht grau werden. Mit der Zubereitung ca. 40 Minuten vor dem Essen beginnen.

ZUBEREITUNG SPINAT (1–6)
ZUBEREITUNG POCHIERTES EI (7–12)

1. Vorbereiteten Spinat ins kochende Salzwasser geben.

2. Etwa 1 Minute lang sprudelnd kochen (blanchieren).

3. Sofort in kaltes Wasser geben und darin abkühlen lassen.

4. Abgekühlten Spinat mit der Hand gut ausdrücken.

5. Butter in einer Pfanne schmelzen, mit der Knoblauchzehe umrühren.

6. Aufgelockerten Spinat dazugeben, unter Rühren erhitzen. Warm stellen.

7. Kochplatte auf mittlere Hitze schalten.

8. ½ l Wasser mit 6 EL Essig zum Kochen bringen.

9. Nacheinander je 1 Ei aufschlagen und in eine Tasse geben.

10. Eier einzeln ins heiße, nicht kochende Essigwasser gleiten lassen.

11. Etwa 5 Minuten bei geringer Hitze garziehen lassen (pochieren).

12. Eier aus dem Wasser heben und abtropfen lassen.

ZUBEREITUNG KARTOFFELPÜREE

1. 1 kg geschälte Kartoffeln in einen Topf geben. Mit kaltem Wasser bedecken (beim gut schließenden Topf ohne Dampföffnung reicht ca. ½ l), leicht salzen und bei starker Hitze zugedeckt aufkochen.

2. Kochplatte auf geringe Hitze herunterschalten und die Kartoffeln ca. 20 Minuten leicht kochen lassen. Garprobe: Ein Holzspießchen muß sich leicht hineinstechen lassen.

3. Das Kochwasser abgießen, indem man den Topfdeckel leicht versetzt auf dem Topf mit den Daumen festhält. Die anderen Finger halten die Griffe. Vorsicht: Immer Topflappen dazu verwenden!

4. Kartoffeln durch eine Kartoffelpresse drücken oder im Topf zerstampfen. ¼ l Milch erhitzen.

5. 50 g weiche Butter flöckchenweise unter die Kartoffelmasse rühren. Heiße Milch nach und nach unterrühren.

6. Püree mit einer Prise frisch geriebenem Muskat würzen. Pfeffern und salzen.

Bei Tisch

Ein leichtes, kalorienarmes und klassisches Hauptgericht. Der Spinat kann auch — ohne das Kartoffelpüree und die pochierten Eier — als Vorspeise serviert werden. Dafür in Butter angeröstete Mandelstifte oder Pinienkerne untermischen. Feinschmecker-Tip: Einige rohe Spinatblätter, vor dem Servieren untergemischt, verstärken das Spinataroma. Mit frisch geriebenen Parmesan bestreuen.

Wenn etwas übrigbleibt

AUFBEWAHREN
Kühlschrank: Roher Spinat 1—2 Tage. Gekochten Spinat und pochierte Eier nicht aufbewahren. Kartoffelpüree 1—2 Tage. Verwendungsvorschlag: Klöße aus dem Püree formen, flachdrücken und in heißer Butter goldbraun braten.
Gefriergerät: Blanchierter, gut ausgedrückter Spinat 2—3 Monate.

SPINATSAUCE
¼ l süße Sahne und 2—3 EL blanchierten Spinat in einem Mixer oder mit einem Pürierstab fein zerkleinern (pürieren). Erhitzen und mit einer Prise frisch geriebenem Muskat würzen. Pfeffern und salzen. Sauce zu Nudelgerichten servieren.

SPINATRÜHREI
Zwei bis drei Eier mit Salz und Pfeffer verquirlen. 2 EL blanchierten Spinat untermischen. In einer Pfanne mit 1 EL zerlassener Butter oder Margarine geben und bei mittlerer Hitze stocken lassen. Dabei ständig mit einem Löffel umrühren.

Rahmpilze mit Semmelknödeln

EINKAUF

Geräucherter durchwachsener Speck (100 g)
Pfifferlinge (300 g)
Auch Eierschwämme oder Rehlinge genannt. Kleine trichterförmige, dottergelbe Pilze mit weit am Stiel herunterlaufenden Lamellen. Verhältnismäßig teuer.

Maronenröhrlinge (300 g)
Bekannt als Maronen (nicht verwechseln mit den gleichnamigen Eßkastanien!). Braun-gelblicher, oft faserig-streifiger Stiel mit gewölbtem bis polsterförmigem und etwas klebrigem, kastanienbraunem Hut.
Sehr teure Alternative: Steinpilze. Preiswerte Alternative: Austernseitlinge (Zuchtpilze).

Champignons (300 g)
Die preiswerteste Variante des Gerichts: Ausschließlich Champignons verwenden.

2 Bund Schnittlauch
Oder Petersilie
1 Zwiebel
Knoblauch (1 Zehe)
Vollmilch (ca. ⅜ l)
Süße Sahne (½ l)
2 Eier
8 Brötchen (ca. 500 g)
Die Brötchen können altgebacken sein. Andere Möglichkeit: Weiß- oder Toastbrot.

ZUTATEN

Rahmpilze

300 g Pfifferlinge
300 g Maronenröhrlinge
300 g Champignons
½ l süße Sahne
1 Knoblauchzehe
1 Bund Schnittlauch
Salz, Pfeffer

Semmelknödel

500 g trockene Brötchen
⅜ l Milch
100 g geräucherter durchwachsener Speck
1 Zwiebel (ca. 50 g)
2 Eier
1 Bund Schnittlauch
Salz, Pfeffer
ca. 4 l Wasser

GERÄTE

3 Kochtöpfe (1 großer)
Pfanne
Litermaß
Rührschüssel
Schneidbrett
Sieb
Kochlöffel
Messer
Gabel
Schaumkelle
Küchenpinsel

ZEIT

Vorbereitung:
ca. 20 Minuten.
Zubereitung:
ca. 45 Minuten.

KALORIEN/JOULE
pro Person

Rahmpilze:
ca. 450 kcal/1890 kJ
Semmelknödel:
ca. 590 kcal/2480 kJ

VORBERETUNG

Rahmpilze:
Knoblauchzehe auf eine Gabel spießen. Wird später nur kurz in die Sauce gelegt, um den Rahmpilzen einen Hauch von Knoblauch zu geben! Schnittlauch erst kurz vor dem Servieren in Röllchen schneiden.

Semmelknödel:
1. Speck, Brot und Zwiebel würfeln.
2. Schnittlauch in Röllchen schneiden.
3. 4 l Wasser in einen großen Topf geben und leicht salzen.
4. Milch erwärmen.
Mit der Zubereitung etwa 40 Minuten vor dem Essen beginnen. Also zuerst die Knödel zubereiten und während ihrer Garzeit mit den Rahmpilzen beginnen.
Tip: Aus der Knödelmasse zuerst einen Probe-Knödel formen und ins heiße Wasser geben. Wenn er auseinanderfällt: Etwas Mehl oder Semmelmehl zum Festigen unter die Knödelmasse mischen.

ZUBEREITUNG RAHMPILZE

1. Vorbereitete Zutaten überprüfen und bereitstellen.

2. Den sandigen Fuß von den Pilzen abschneiden. Nicht waschen!

3. Pilzköpfe, Lamellen und Stiel gründlich mit einem Pinsel säubern.

4. Größere Pilze, wie Maronen oder Champignons, halbieren oder vierteln.

5. Kochplatte auf mittlere Hitze schalten.

6. Sahne in einen Topf gießen und aufkochen.

7. Kochplatte auf geringe Hitze herunterschalten.

8. Die auf eine Gabel gespießte Knoblauchzehe in die Sahne legen.

9. Sahne ca. 5 Minuten dicklich einkochen.

10. Pilze und Schnittlauchröllchen in die köchelnde Sahne geben.

11. Knoblauchzehe herausnehmen, umrühren und würzen.

12. Pilze kurz — ca. 3 Minuten — in der Sahne köcheln lassen.

ZUBEREITUNG SEMMELKNÖDEL

1. Brotwürfel 5 Minuten in ⅜ l lauwarmer Milch einweichen.

2. Speck ausbraten, Zwiebelwürfel zugeben und glasig werden lassen.

3. Abtropfen lassen. (Durch zuviel Fett können die Knödel zerfallen.)

4. Eier, Schnittlauch, Speck und Zwiebeln zur Knödelmasse geben.

5. Miteinander verkneten und würzen. Pfirsichgroße Knödel formen.

6. In heißem, nicht kochendem Wasser 15–20 Minuten garziehen lassen.

Bei Tisch

Rahmpilze können als Vorspeise mit knusprig aufgebackener Baguette oder mit Semmelknödeln als Hauptgericht serviert werden.
Üppiger wird das Essen mit saucenlosen, kurzgebratenen Fleisch-, Wild- oder Fischstücken. Da die Pilze nur kurz gegart werden, bleibt ihr typisches Aroma erhalten. Wenn die Pilze länger garen, werden sie weich und schwammig.
Gut zu wissen: Pilze gehören zu den schwerverdaulichen, wenngleich kalorienarmen Speisen.

Wenn etwas übrigbleibt

AUFBEWAHREN
Kühlschrank: 1–2 Tage. Rahmpilze sowie Semmelknödel möglichst bald verbrauchen. Gefriergerät: Rahmpilze sind schneller zubereitet als aufgetaut. Kleine Reste deshalb schnell verbrauchen.

PILZ-EIER-PFANNE
Drei Eier mit einer Prise Salz verquirlen. 1 EL Butter in einer Pfanne bei mittlerer Hitze schmelzen. Abgetropfte Rahmpilze darin unter Rühren anbraten, etwas flachdrücken und die Eiermasse darübergießen. Zugedeckt stocken (fest werden) lassen.

GEBRATENE KNÖDEL
Kalte Semmelknödel in ca. 2 cm dicke Scheiben schneiden. In heißer Butter von beiden Seiten knusprig braun braten.

Spaghetti mit Bologneser Sauce

EINKAUF

Rinderhackfleisch (300 g)
Pikanter und preiswerter ist gemischtes Hackfleisch — halb Schwein, halb Rind.

Geräucherter durchwachsener Speck (ca. 80 g)
Im Stück, in Scheiben oder schon gewürfelt.

2 Zwiebeln
1 Möhre
¼ Sellerieknolle
3 Tomaten
Ersatzweise eine kleine Dose geschälte Tomaten oder ½ Paket passierte Tomaten.

Tomatenmark (40 g)
Süße Sahne (⅛ l)
Spaghetti (500 g)
Die Bologneser Sauce schmeckt auch zu anderen Nudelsorten.

Lorbeerblatt
Muskatnuß
Ganze Muskatnüsse geben, frisch gerieben, einen intensiveren Geschmack als gekauftes Muskatpulver.

ZUTATEN

Bologneser Sauce

2 EL Butter oder Margarine (ca. 40 g)
80 g geräucherter durchwachsener Speck
2 Zwiebeln (ca. 100 g)
1 Möhre (ca. 100 g)
¼ Sellerieknolle (ca. 200 g)
300 g Hackfleisch
40 g Tomatenmark
3 Tomaten (ca. 250 g)
½ l Wasser
⅛ l süße Sahne
1 Lorbeerblatt
1 Msp Muskat
Salz, Pfeffer

Spaghetti

500 g Spaghetti
5 l Wasser
1 TL Salz
3 EL Öl

Garniervorschlag:
Parmesankäse und Basilikumblättchen.

GERÄTE
2 Kochtöpfe (1 großer)
Litermaß
Schneidbrett
Sieb
Kochlöffel
Messer
Gabel
Eßlöffel
Teelöffel

ZEIT

Vorbereitung:
ca. 35 Minuten
Zubereitung:
ca. 1¼ Stunden

KALORIEN/JOULE
pro Person
Bologneser Sauce:
ca. 520 kcal/2180 kJ
Spaghetti:
ca. 490 kcal/2060 kJ

VORBEREITUNG

Bologneser Sauce:
1. Speck würfeln.
2. Zwiebeln, Möhre und Sellerie schälen, waschen und fein würfeln.
3. Tomaten abziehen, halbieren und entkernen.

Spaghetti:
Mit der Zubereitung ca. 20 Minuten vor dem Essen beginnen.

ZUBEREITUNG BOLOGNESER SAUCE

1. Alle Zutaten griffbereit zusammenstellen.

2. Kochplatte auf mittlere Hitze schalten.

3. Fett zerlassen und die Speckwürfel darin rösten.

4. Zwiebel-, Möhren- und Selleriewürfel ca. 2 Minuten mitbraten.

5. Hackfleisch und Tomatenmark unterrühren.

6. Tomaten und die Gewürze zugeben, ½ l Wasser aufgießen.

7. Kochplatte auf geringe Hitze herunterschalten.

8. Sauce häufig umrühren, damit sie nicht ansetzt.

9. Im offenen Topf etwa 1 Stunde sanft kochen lassen.

10. Die Sauce soll dicklich vom Löffel fließen.

11. Die Sahne unterrühren. Salzen, pfeffern.

12. Das Lorbeerblatt herausfischen.

ZUBEREITUNG SPAGHETTI

1. 500 g Spaghetti mit Salz und Öl in 5 l kochendes Wasser geben.

2. Umrühren, damit sie nicht zusammenhaften. 7—9 Minuten kochen.

3. Garprobe: Eine Nudel herausfischen. Sie soll Biß haben („al dente").

4. Spaghetti in ein Sieb schütten. Abgetropft zurück in den Topf geben.

5. Mit Öl beträufeln, damit sie nicht aneinanderkleben.

6. Spaghetti mit einer Gabel und einem Löffel verteilen.

Bei Tisch

Zu den echten „Spaghetti bolognese" gehört unbedingt geriebener Parmesankäse. Ein Stück „Parmigiano reggiano", am Tisch frisch gerieben, schmeckt allemal besser als der „Tütenparmesan". Für alle, die mit dem großen Löffel streuen: 1 EL (ca. 10 g) enthält rund 40 Kalorien.

Wenn etwas übrigbleibt

AUFBEWAHREN

Kühlschrank: Bologneser Sauce und Nudeln 1—2 Tage. Verwendungstip: Spaghetti mit Messer und Gabel kleinschneiden. Zusammen mit der restlichen Sauce in heißer Butter oder Margarine knusprig braten. Gefriergerät: Bologneser Sauce 2—3 Monate.

NUDELSALAT

1. Je 250 g Fleischwurststreifen und Champignonscheiben mit vier geachtelten Tomaten und 100 g gekochten Nudeln mischen.
2. 4 EL Mayonnaise und Joghurt mit Salz, Pfeffer und Senf verrühren. Darübergießen.

BOLOGNESER TOAST

1. Eine Scheibe Toastbrot dünn mit Bologneser Sauce bestreichen.
2. Mit Salamischeiben und Oliven belegen.
3. Gleichmäßig mit geriebenem Hartkäse bestreuen.
4. Bei 250 Grad im vorgeheizten Backofen ca. 10 Minuten überbacken.

Tortellini in Käse-Sahne-Sauce mit Tomaten-Basilikum-Salat

EINKAUF

1 Zwiebel

Knoblauch (3 Zehen)

1 Bund Basilikum

Auch in kleinen Töpfen erhältlich. Die zartgrünen Basilikumblätter haben ein feines, süßlich-scharfes Aroma.

Tomaten (500 g)

Beste Sorte: Kleine, schnittfeste Tomaten.

Öl

Einfaches Pflanzenöl schmeckt neutral. Grünes, kaltgepreßtes Olivenöl ist aromatischer.

Süße Sahne (½ l)

Parmesankäse (50 g)

Frischer Parmesankäse ist geschmacklich dem „Tütenparmesan" vorzuziehen. Ersatzweise einen anderen Hartkäse (z. B. Emmentaler) nehmen.

Tortellini (500 g)

Mit Fleisch gefüllte Teigtäschchen. Fix und fertig erhältlich. Es gibt zwei Sorten: haltbare, getrocknete und vakuumverpackte weiche Tortellini, die begrenzt haltbar sind. Die Kochzeiten sind unterschiedlich. Genaue angaben auf der Packung.

Muskatnuß

Ganze Muskatnüsse, frisch gerieben, würzen am intensivsten.

Essig

Für den Salat einen Weißweinessig nehmen.

ZUTATEN

Tortellini in Käse-Sahne-Sauce

500 g Tortellini

5 l Salzwasser

5 EL Öl

1 Zwiebel (ca. 50 g)

2 Knoblauchzehen

½ l süße Sahne

50 g Parmesankäse

1 Stiel Basilikum

Salz, Pfeffer

Muskat

Tomaten-Basilikum-Salat

500 g Tomaten

4 Stiele Basilikum

1 Knoblauchzehe

2 – 3 EL Essig

5 EL Öl

Salz, Pfeffer

GERÄTE

Großer Kochtopf
Litermaß
Schneidbrett
Sieb
Kochlöffel
Messer
Eßlöffel
Reibe
evtl. Knoblauchpresse
Salatschüssel
Salatbesteck

ZEIT

Vorbereitung:
ca. 20 Minuten.

Zubereitung:
ca. 35 Minuten.

KALORIEN/JOULE

pro Person

Tortellini in Käse-Sahne-Sauce:
ca. 1060 kcal/4450 kJ

Tomaten-Basilikum-Salat:
ca. 150 kcal/630 kJ

VORBEREITUNG

Tortellini:
1. Zwiebel und Knoblauchzehen würfeln.
2. Parmesankäse reiben.
3. Basilikumblätter vom Stiel zupfen. Erst kurz vor der Verwendung fein schneiden.

Tomatensalat:
Knoblauchzehe fein hakken oder zerdrücken. Mit der Zubereitung etwa 20 Minuten vor dem Essen beginnen.

ZUBEREITUNG TORTELLINI IN KÄSE-SAHNE-SAUCE

1. Kochplatte auf starke Hitze schalten.

2. 5 l Salzwasser mit 1 EL Öl in einem großen Topf zum Kochen bringen.

3. Tortellini in das sprudelnd kochende Wasser schütten.

4. Je nach Sorte 10 bis 20 Minuten kochen lassen (siehe Packung!).

5. Tortellini in ein Sieb schütten.

6. Kalt abspülen, damit sie nicht aneinanderkleben. Abtropfen lassen.

7. Restliches Öl im gleichen Topf mäßig heiß werden lassen.

8. Zwiebel- und Knoblauchwürfel in dem heißen Öl glasig dünsten.

9. ½ l süße Sahne zugießen und aufkochen, Basilikum fein schneiden.

10. Die Sahne etwa 3 Minuten köcheln lassen. Basilikum einstreuen.

11. Sauce salzen, pfeffern und mit Muskat würzen. Tortellini zufügen.

12. Tortellini erhitzen, Käse unterrühren und schmelzen lassen.

ZUBEREITUNG TOMATEN-BASILIKUM-SALAT

1. 1–2 EL Essig und 4 EL Öl in einer Schüssel mit dem Schneebesen zu einem Dressing binden.

2. Salzen, pfeffern und mit einer zerdrückten Knoblauchzehe würzen.

3. Tomaten waschen und den Stielansatz keilförmig herausschneiden.

4. Basilikumblätter von den Stielen zupfen und in Streifen schneiden.

5. Tomaten in Scheiben schneiden. Zusammen mit dem Basilikum in das Dressing geben.

6. Vorsichtig mit einem Salatbesteck mischen. 5–10 Minuten durchziehen lassen.

Bei Tisch

Tortellini eignen sich als Vorspeise oder Hauptgericht. Sie schmecken auch mit anderen Saucen. Wenn sie als Hauptgericht serviert werden, kann man den Tomaten-Basilikum-Salat auch als Vorspeise reichen. Feinschmecker-Tip: Tomatensalat mit Mozzarella anreichern. Dazu den italienischen Frischkäse in dünne Scheiben schneiden. An heißen Sommertagen ideal als leichtes Hauptgericht.

Wenn etwas übrigbleibt

AUFBEWAHREN

Kühlschrank: 1–2 Tage. Salat nicht aufbewahren, Reste am gleichen Tag essen. Gefriergerät: 2–3 Monate. Tip: Gefroren mit etwas Milch oder Sahne in einen Topf geben und langsam erhitzen, damit es nicht anbrennt.

TORTELLINI-PFANNE

1. 250 g geschälte Möhren in Streifen, 250 g geputzten, gewaschenen Lauch in Röllchen schneiden.
2. In 2 EL heißem Fett andünsten, dann bei schwacher Hitze unter ständigem Rühren ca. 5 Minuten weiterdünsten.
3. Restliche Tortellini dazugeben und darin erhitzen. Salzen, pfeffern und feingehackte Küchenkräuter darüberstreuen.

ÜBERBACKEN

1. Restliche Tortellini mit zwei in Scheiben geschnittenen Zucchini in eine gefettete feuerfeste Auflaufform schichten.
2. $1/8$ l süße Sahne mit zwei Eiern verquirlen, salzen und pfeffern.
3. Über die geschichteten Zutaten gießen. Im vorgeheizten Backofen bei 200 Grad ca. 35 Minuten goldgelb backen.

Nudelauflauf

EINKAUF

Rinderhackfleisch (500 g)
Die preiswerte und pikante Variante: Gemischtes Hackfleisch — halb Rind, halb Schwein.

6 Tomaten
Thymian
Geschmacksintensives, aber nicht scharfes Kraut mit ungestielten, kleinen Blättern. Gibt's frisch als Bund, in kleinen Töpfen und getrocknet.

1 Zwiebel
Lorbeerblatt
Vollmilch (¼ l)
Käse (50 g)
Gute Sorten für dieses Gericht: Edamer oder mittelalter Gouda.

Nudeln (250 g)
Möglich sind: Muschelnudeln, Spiralnudeln, Zöpfli, Hörnchen, Schmetterlings- oder Vollkornnudeln.

ZUTATEN

2 EL Butter oder Margarine (ca. 30 g)
3 EL Mehl (ca. 30 g)
¼ l kalte Milch
1 Zweig frischer Thymian
1 Zwiebel (50 g)
1 Lorbeerblatt
50 g Käse
250 g Nudeln (Rohgewicht)
500 g Hackfleisch
6 Tomaten (ca. 500 g)
Salz, Pfeffer

GERÄTE

2 Kochtöpfe
Litermaß
Rührschüssel
Schneidbrett
Sieb
Kochlöffel
Schneebesen
Messer
Eßlöffel
feine Raspel
feuerfeste Auflaufform

ZEIT

Vorbereitung:
ca. 35 Minuten.
Zubereitung:
ca. 1 Stunde 25 Minuten, davon ca. 45 Minuten reine Garzeit.

KALORIEN/JOULE
pro Person
ca. 830 kcal/3490 kJ

VORBEREITUNG

1. Nudeln — je nach Sorte 7—10 Minuten — in leicht gesalzenem Wasser kochen. Garprobe: eine Nudel herausnehmen und probieren. Sie soll Biß haben („al dente"), aber nicht nach rohem Mehl schmecken. Nudeln in ein Sieb schütten, kalt abspülen, damit sie nicht aneinanderkleben. Abtropfen lassen.
2. Zwiebeln würfeln.
3. Tomaten abziehen, vierteln und entkernen.
4. Käse fein raspeln.

ZUBEREITUNG NUDELAUFLAUF

1. Kochplatte auf mittlere Hitze schalten.

2. Fett in einem Topf schmelzen, Mehl zugeben und unterrühren.

3. Milch zugießen und unter ständigem Rühren aufkochen.

4. Thymian, Hälfte der Zwiebelwürfel und Lorbeerblatt zugeben.

5. 15 Minuten bei geringer Hitze köcheln lassen.

6. Sauce in eine Rührschüssel seihen.

7. Feingeraspelten Käse unter die Sauce rühren.

8. Backofen auf 225 Grad vorheizen.

9. Eine Schicht gekochte Nudeln in eine feuerfeste Form geben.

10. Dann Tomaten, Hack und restliche Zwiebeln aufschichten, würzen.

11. Käsesauce darübergießen. In den vorgeheizten Backofen schieben.

12. In etwa 45 Minuten goldbraun backen.

REZEPTVARIATION

1. Nudelauflauf, wie auf der linken Seite unter den Punkten 1—9 beschrieben, zubereiten.

2. Anstelle von Hackfleisch gekochten Schinken verwenden und in Streifen schneiden.

3. Weitere Zubereitung wie auf der linken Seite beschrieben, aber nur 25—30 Minuten backen.

Bei Tisch

Ein einfaches, preiswertes Hauptgericht. Ohne Hackfleisch kann der Nudelauflauf auch als Beilage serviert werden. Dazu passen eine Tomatensauce mit frisch gehackten Kräutern und ein grüner Salat.

Wenn etwas übrigbleibt

AUFBEWAHREN

Kühlschrank: 1—2 Tage, ohne Hackfleisch 2—3 Tage.
Gefriergerät: 2—3 Monate. Für Sahnenudeln gefroren in die Sauce geben und langsam erhitzen. Sonst über Nacht zugedeckt im Kühlschrank auftauen.

SAHNENUDELN

1. Zwei gewürfelte Zwiebeln in 2 EL heißer Butter oder Margarine andünsten. 2 EL Mehl zugeben und sorgfältig unterrühren.
2. Nach und nach ¼ l Brühe (Instant) und ¼ l süße Sahne dazugießen, dabei ständig weiterrühren. Aufkochen.
3. Restlichen Nudelauflauf zugeben. Salzen, pfeffern und ein Bund in feine Röllchen geschnittenen Schnittlauch hineinrühren.

NUDELPFANNE

1. Ein Bund Frühlingszwiebeln putzen und fein schneiden.
2. In mäßig heißer Butter oder Margarine andünsten. Restlichen Nudelauflauf zugeben und unter Wenden knusprig braun braten.
3. Zum Schluß salzen, pfeffern und mit Edelsüßpaprika würzen.

Heringstopf „Hausfrauenart" mit Pellkartoffeln

EINKAUF

8 Bismarckheringe

Das sind ausgenommene, entgrätete Heringe ohne Kopf. Mit oder ohne Schwanzflosse, sauer eingelegt. Alternative: Die in Salzlake eingelegten Matjesheringe.

2 Äpfel

Beste Sorten für dieses Gericht: Cox-Orange oder Boskop.

5 Zwiebeln
Kartoffeln (750 g)

Möglichst gleich große, vorwiegend festkochende Kartoffeln.

1 Bund Dill
1 Bund Schnittlauch

Für die Pellkartoffeln. Kann auch weggelassen werden.

1 Glas Gewürzgurken (5 Stück, ca. 250 g)

Auch die Gurkenlake wird benötigt.

Süße Sahne (⅛ l)
1 Becher Sahnejoghurt
Mayonnaise (100 g)

Beste Sorte für dieses Gericht: Salatmayonnaise mit einem Fettgehalt von 50 Prozent.

Kümmel

ZUTATEN

Heringstopf

8 Bismarckheringe (ca. 1 kg)
100 g Mayonnaise
1 Becher Sahnejoghurt (150 g)
⅛ l süße Sahne
3–4 EL Gurkenlake
2 Äpfel (ca. 300 g)
5 Gewürzgurken (ca. 250 g)
5 Zwiebeln (ca. 250 g)
1 Bund Dill
Salz, Pfeffer
1 Prise Zucker

Pellkartoffeln

750 g Kartoffeln
1 TL Kümmel
evtl. 1 Bund Schnittlauch
Salz

Garniervorschlag:
Frischer Dill

GERÄTE

2 Kochtöpfe
Litermaß
Rührschüssel
Schneidbrett
Sieb
Kochlöffel
Schneebesen
Messer
Eßlöffel
Teelöffel
evtl. Frischhaltefolie
Holzspießchen

ZEIT

Vorbereitung:
ca. 20 Minuten.

Zubereitung:
ca. 35 Minuten.

Marinierzeit:
ca. 2–3 Stunden.

KALORIEN/JOULE

pro Person

Heringstopf:
ca. 880 kcal/3700 kJ

Pellkartoffeln:
ca. 130 kcal/550 kJ

VORBEREITUNG

Heringstopf:
1. Zwiebeln halbieren und in halbe Ringe schneiden.
2. Gewürzgurken abtropfen lassen (Gurkenlake auffangen) und in Scheiben schneiden.
3. Bismarckheringe im Stück lassen oder in mundgerechte Bissen schneiden.
4. Dill fein schneiden.
5. Äpfel erst kurz vor der Verwendung schälen, entkernen und in Spalten schneiden (Phasenfoto 7), damit sie nicht braun werden.

Pellkartoffeln:
Mit der Zubereitung etwa 30 Minuten vor dem Essen beginnen. Der Heringstopf muß mindestens 2 Stunden im Kühlschrank durchziehen.

ZUBEREITUNG HERINGSTOPF „HAUSFRAUENART"

1. Kochplatte auf starke Hitze schalten.

2. Wasser in einem Topf aufkochen und die Zwiebelringe hineingeben.

3. Etwa 2 Minuten zum Entschärfen sprudelnd kochen (blanchieren).

4. Blanchierte Zwiebeln in ein Sieb schütten und kalt abbrausen.

5. Mayonnaise, Joghurt, Gurkenlake und Sahne miteinander verrühren.

6. Gut abgetropfte Zwiebeln unterheben.

7. Die in Scheiben geschnittenen Gewürzgurken hineinschütten.

8. Apfelspalten untermischen.

9. Salzen, pfeffern und mit einer Prise Zucker süßen. Dill hineinstreuen.

10. Bismarckheringe in ein Gefäß aus Ton, Glas oder Porzellan legen.

11. Sauce darübergießen.

12. Abgedeckt mindestens 2 Stunden im Kühlschrank marinieren.

ZUBEREITUNG PELLKARTOFFELN

1. Kartoffeln gründlich unter fließendem kalten Wasser waschen. Wenn sie mit Schale serviert werden sollen, mit einer kleinen Bürste säubern.

2. Kartoffeln in einen Topf geben und mit kaltem Wasser bedecken. Bei einem gut schließenden Topf (ohne Dampföffnung) reicht ca. ½ l Wasser.

3. Kümmel, Schnittlauch und Salz zugeben. Zugedeckt bei starker Hitze zum Kochen bringen, dann auf geringe Hitze herunterschalten.

4. Vom Herunterschalten an gerechnet ca. 20 bis 25 Minuten leicht kochen lassen. Dann eine Garprobe machen: Ein Holzspießchen muß sich leicht einstechen lassen.

5. Das Wasser abgießen, dazu den Topfdeckel leicht versetzt auf dem Topf lassen. Griffe und Topfdeckel mit Hilfe von Topflappen gleichzeitig festhalten.

6. Gekochte Kartoffeln pellen: Auf eine Gabel spießen. Schale mit einem kleinen spitzen Küchenmesser abziehen. Alternative: Pellkartoffeln mit Schale servieren.

Bei Tisch

Bismarckheringe sind roh; ihr festes Fleisch wird nicht zerteilt, sondern geschnitten. Man deckt deshalb Messer und Gabel (kein Fischbesteck). Heringstopf wird in nördlichen Ländern übrigens gern zum Frühstück (oder als Katerfrühstück) gegessen. Als Hauptgericht kann er auch mit Bratkartoffeln serviert werden.

Wenn etwas übrigbleibt

AUFBEWAHREN

Kühlschrank: Heringstopf ca. eine Woche. Pellkartoffeln 1–2 Tage, sie werden mit der Zeit glasig.

BRATKARTOFFELN

1. Gepellte Kartoffeln in Scheiben schneiden, vier Zwiebeln ebenfalls.
2. 50 g Speckwürfel in einer Pfanne ausbraten. Kartoffelscheiben zufügen und unter Wenden goldbraun braten.
3. Zwiebeln zugeben und kurz mitbraten. Salzen und pfeffern.

AUF BROT

Restlichen Heringstopf auf gebutterte Schwarz- oder Vollkornbrotscheiben dekorieren. Zum Abendessen oder als kleinen Imbiß zwischendurch servieren.

Pochiertes Kabeljaukotelett mit Senfsauce und Salzkartoffeln

EINKAUF

4 Kabeljaukoteletts

Junger Kabeljau und Kabeljau aus der Ostsee werden auch als Dorsch bezeichnet. Sie sind Magerfische mit zartem, weißem Fleisch. Frischer Kabeljau hat eine glänzende Haut, festes, elastisches Fleisch und riecht angenehm frisch. Fisch darf nicht nach Ammoniak riechen oder stumpf aussehen. Sofort nach dem Einkauf aus der Verpackung nehmen und den Fisch in einer Glas- oder Porzellanschüssel mit Folie abgedeckt kühl stellen.

1 Zitrone
1 Zwiebel
Thymian

Geschmacksintensives, aber nicht scharfes Kraut mit stiellosen, kleinen Blättern. Gibt's frisch als Bund, in kleinen Töpfen und getrocknet.

Kartoffeln (750 g)
Vollmilch (¼ l)
Senf

Beste Sorte für dieses Gericht: Mittelscharf.

ZUTATEN

Kabeljaukotelett

4 Kabeljaukoteletts
à ca. 300 g
1 Zitrone
Salz

Senfsauce

1 EL Butter oder
Margarine (ca. 20 g)
20 g Mehl
¼ l Milch
1 Zwiebel (ca. 50 g)
1 Zweig Thymian
4 TL Senf
Salz, Pfeffer

Salzkartoffeln

750 g Kartoffeln
Salz

Garniervorschlag:
Frischer Dill

GERÄTE

4 Kochtöpfe (1 möglichst breiter, flacher Topf, in dem alle vier Fischstücke nebeneinanderliegen können)
Litermaß
Schneidbrett
Sieb
Schneebesen
Messer
Sparschäler
Eßlöffel
Teelöffel
Schaumkelle
Zitronenpresse
Holzspießchen

ZEIT

Vorbereitung:
ca. 25 Minuten.
Zubereitung:
ca. 35 Minuten.

KALORIEN/JOULE

pro Person

Kabeljaukotelett:
ca. 140 kcal/590 kJ
Senfsauce:
ca. 110 kcal/460 kJ
Salzkartoffeln:
ca. 130 kcal/550 kJ

VORBEREITUNG

Kabeljaukotelett:
1. Fisch kurz unter fließendem kalten Wasser waschen. Mit Küchenpapier trockentupfen.
2. Zitrone auspressen.
3. Den breiten, flachen Topf zur Hälfte mit Wasser füllen.

Senfsauce:
Zwiebel halbieren. Mit der Zubereitung ca. 20 Minuten vor dem Essen beginnen.

Salzkartoffeln:
Kartoffeln schälen, waschen und mit kaltem Wasser bedecken, damit sie nicht grau werden. Mit der Zubereitung ca. 30 Minuten vor dem Essen beginnen. Also zuerst die Kartoffeln, dann die Sauce und zum Schluß den Fisch zubereiten.

ZUBEREITUNG SENFSAUCE (1–6)
ZUBEREITUNG POCHIERTES KABELJAUKOTELETT (7–12)

1. Butter bei mittlerer Hitze schmelzen, Mehl einstreuen. Verrühren.

2. Kalte Milch unter ständigem Rühren zugießen. Aufkochen.

3. Kochplatte auf geringe Hitze herunterschalten.

4. Zwiebelhälften und Thymian zugeben, Deckel aufsetzen.

5. Etwa 10 Minuten köcheln lassen. In einen anderen Topf seihen.

6. Sauce pfeffern und salzen. Mit Senf abschmecken.

7. Kochplatte auf mittlere Hitze schalten.

8. Wasser mit Zitronensaft säuern, salzen und zum Kochen bringen.

9. Kochplatte auf geringe Hitze herunterschalten.

10. Fisch vorsichtig ins siedende Wasser legen.

11. Je nach Dicke etwa 5–10 Minuten darin garziehen lassen.

12. Mit einer Schaumkelle aus dem Kochwasser heben. Abtropfen lassen.

ZUBEREITUNG SALZKARTOFFELN

1. Geschälte Kartoffeln in einen Topf geben. Größere Kartoffeln halbieren.

2. Mit kaltem Wasser bedecken (bei einem gut schließenden Topf ohne Dampföffnung reicht ½ l) und leicht salzen.

3. Deckel aufsetzen. Bei starker Hitze aufkochen, Kochplatte herunterschalten.

4. Bei geringer Hitze ca. 20 Minuten garen. Garprobe: Ein Holzspießchen muß sich leicht einstechen lassen.

5. Wasser abgießen: Topfdeckel leicht versetzt auf dem Topf lassen. Griffe und Topfdeckel mit Hilfe von Topflappen gleichzeitig festhalten.

6. Kartoffeln abdämpfen: Restwasser im Topf auf ausgeschalteter Kochplatte verdampfen lassen.

Bei Tisch

Pochierten Fisch sofort nach der Zubereitung servieren. Teller und Platten vorwärmen, damit der Fisch heiß auf den Tisch kommt.
Wichtige Tischregel: Zu Fischgerichten deckt man möglichst ein Fischbesteck: breitzinkige Gabel, stumpfes, speziell geformtes Messer.
Alternative: zwei Gabeln. Denn Fisch wird zerteilt und nicht geschnitten.
Für Fischgräten und Haut einen Teller mitdecken.
Feinschmecker-Tip: Kabeljaukotelett in Weißwein pochieren.

Wenn etwas übrigbleibt

AUFBEWAHREN
Der pochierte Fisch sollte nach Möglichkeit nicht aufbewahrt werden. Er schmeckt am besten frisch zubereitet. Kartoffeln im Kühlschrank 1–2 Tage, Senfsauce ebenfalls.

VARIATION
Anstelle der Senfsauce kann auch geklärte Butter dazu serviert werden:
1. 250 g Butter bei mittlerer Hitze in einem kleinen Topf schmelzen und kurz aufschäumen lassen.

2. Topf von der Kochplatte nehmen und den Schaum, der sich gebildet hat (geronnenes Eiweiß), mit einem Löffel abschöpfen.
3. Zweite Möglichkeit: Butter durch ein feines Sieb oder Tuch seihen, dann wird sie ganz klar.

Forelle in Folie

EINKAUF

4 Forellen

Fast ausschließlich im Angebot: die gezüchtete Regenbogenforelle (schillernde Haut). Selten, aber dafür sehr fein: die Bachforelle (mit schwarzen und roten Punkten auf der Haut). Forellen sind die preiswertesten unter den Edelfischen. Unausgenommen oder vom Händler küchenfertig vorbereitet kaufen. Kopf und Schwanz dranlassen! Frischekennzeichen: Klare, glänzende Augen. Glänzende, hellrote oder dunkelrosa Kiemen und frischer Geruch.

1 Zitrone
4 Tomaten
1 Bund Frühlingszwiebeln
1 Bund Petersilie
Basilikum

Als Bund oder in kleinen Töpfen erhältlich. Die frischen Basilikumblätter haben ein feines, süßlich-scharfes Aroma.

Estragon

Ebenfalls als Bund oder in kleinen Töpfen erhältlich. Längliche, geschlitzte, zartgrüne Blättchen mit sanftem Heu- und Anisgeschmack.

Knoblauch (1 Zehe)

ZUTATEN

4 Forellen à ca. 500 g
1 Zitrone
4 EL weiche Butter oder Margarine (ca. 80 g)
4 Tomaten (ca. 250 g)
1 Bund Frühlingszwiebeln (ca. 250 g)
1 Bund Petersilie
1 Topf Basilikum
1 Topf Estragon
1 Knoblauchzehe
Salz, Pfeffer

Garniervorschlag:
Frischer Dill und Petersilie oder gleiche Kräuter, die für die Füllung verwendet werden.

GERÄTE

Schneidbrett
Messer
Aluminiumfolie
Küchenpinsel
Zitronenpresse

ZEIT

Vorbereitung:
ca. 20 Minuten.

Zubereitung:
ca. 50 Minuten, davon ca. 30 Minuten reine Garzeit.

KALORIEN/JOULE

pro Person
ca. 500 kcal/2100 kJ

VORBEREITUNG

1. Tomaten abziehen, vierteln und entkernen.
2. Geputzte, gewaschene Frühlingszwiebeln in feine Ringe schneiden.
3. Petersilie hacken.
4. Basilikum- und Estragonblättchen von den Stielen zupfen und fein schneiden.
5. Knoblauchzehe fein hacken. Zitrone auspressen.
6. Vier ausreichend große Stücke Aluminiumfolie zum Einwickeln für die Forellen zurechtlegen.
Tip: Wird die Forelle mit Petersilienkartoffeln als Beilage serviert, etwa 45 Minuten vor dem Essen mit der Zubereitung beginnen (wenn die Forelle im Backofen gart).

ZUBEREITUNG FORELLE IN FOLIE

1. Forelle am Bauch vorsichtig von hinten nach vorne aufschneiden.

2. Die Galle (dunkel!) dabei nicht verletzen. Eingeweide entfernen.

3. Forelle gründlich unter fließendem Wasser säubern.

4. Backofen auf 200 Grad vorheizen.

5. Bereitgelegte Aluminiumfolie mit 2 EL Butter einstreichen.

6. Forellen innen mit Zitronensaft beträufeln. Salzen und pfeffern.

7. Tomatenviertel und Knoblauch in die Bauchöffnung füllen.

8. Die Ringe der Frühlingszwiebeln hineinschichten.

9. 2 EL Butter in Flöckchen und die Kräuter auf die Forelle geben.

10. Folie oben zusammenlegen und einrollen. Seiten nach innen falten.

11. Auf einen Rost legen und ca. 30 Minuten im Backofen garen.

12. Zum Servieren entlang des Rückens einschneiden. Filets abheben.

BEILAGENVORSCHLAG PETERSILIENKARTOFFELN

1. 750 g geschälte, gewaschene Kartoffeln in einen Topf geben und mit kaltem Wasser bedecken (bei einem gut schließenden Topf genügt ½ l).

2. Leicht salzen. Zugedeckt bei starker Hitze aufkochen. Kochplatte auf geringe Hitze herunterschalten. Kartoffeln ca. 20 Minuten garen.

3. Garprobe: Ein Holzspießchen muß sich leicht einstechen lassen. Wasser abgießen, dazu Deckel leicht versetzt auf dem Topf lassen.

4. Griffe und Topfdeckel mit Topflappen gleichzeitig festhalten. Kartoffeln im Topf zurück auf die Kochplatte stellen (Wasserrest verdampft).

5. Ein Bund Petersilie fein hacken. 50 g Butter in einem kleinen Topf bei mittlerer Hitze schmelzen.

6. Gehackte Petersilie und flüssige Butter zu den gekochten Kartoffeln geben und alles im Topf zusammen schwenken.

Bei Tisch

Es gibt zwei Serviermöglichkeiten. Forellen in der Folie servieren: Erst am Tisch die Folie öffnen, damit Duft und Aroma erhalten bleiben und der Sud, der sich gebildet hat, nicht verlorengeht. Teller für Gräten und Folie auf den Tisch stellen. Alternative: Forellen vor dem Essen filetieren. Dazu die Forelle mit einem Messer entlang des Rückens leicht einschneiden. Zwischen Rückengräte und Filet eine Palette oder ein breites Messer schieben. Forellenfilet abheben und vorsichtig auf vorgewärmte Teller legen. Gräte mit Kopf und Schwanz entfernen. Das untere Filet ebenfalls auf dem Teller plazieren. Fischbesteck decken, ersatzweise zwei Gabeln, um den Fisch zu zerteilen.

Wenn etwas übrigbleibt

Gegarte Forellen können nicht aufbewahrt werden. Wohl aber die gefüllten, rohen Forellen. Wie auf der linken Seite beschrieben in Aluminiumfolie verpacken. Kühlschrank: 1–2 Tage. Gefriergerät: 2 Monate. Zum Garen unaufgetaut in den vorgeheizten Backofen schieben. Garzeit verlängert sich um 15–20 Minuten.

Miesmuscheln

EINKAUF

Miesmuscheln (4 kg)

Eßbare Muscheln der Nord- und Ostsee sowie des Atlantiks. Auch Blau- oder Pfahlmuscheln genannt. Schale außen blauschwarz, innen hell. Angebotszeit von September bis April (alle Monate mit einem „r"). Miesmuscheln müssen einen frischen Seewassergeruch haben! Immer erst am Tag der Zubereitung kaufen.

3 Zwiebeln
3 Möhren
1 Stange Lauch
1 Bund Petersilie
Weißwein (¼ l)

Tip: Hier können sehr gut Weinreste verwendet werden.

ZUTATEN

4 kg Miesmuscheln
1 EL Butter oder Margarine (ca. 20 g)
3 Zwiebeln (ca. 150 g)
3 Möhren (ca. 250 g)
1 Stange Lauch (ca. 250 g)
1 Bund Petersilie
¼ l Weißwein
¼ l Wasser
Salz, Pfeffer

GERÄTE

großer Kochtopf
Litermaß
Schneidbrett
Kochlöffel
Messer
Eßlöffel
Schaumkelle
Bürste

ZEIT

Vorbereitung:
ca. 45 Minuten.
Zubereitung:
ca. 1 Stunde, inklusive Säubern.

KALORIEN/JOULE

pro Person
ca. 270 kcal/1130 kJ

VORBEREITUNG

1. Muscheln sortieren. Offene Muscheln sind nicht immer ungenießbar. Probe: Bei Berührung oder leichtem Anklopfen müssen sie sich schließen. Sonst wegwerfen! Auch Muscheln, die sich beim Kochen nicht öffnen, sind ungenießbar. Im Zweifelsfall lieber eine Muschel mehr wegwerfen, als eine Vergiftung riskieren!
2. Zwiebeln fein würfeln.
3. Möhren und Lauch putzen und waschen. Kleinschneiden.
4. Petersilie hacken.

Tip: Muscheln in zwei Partien kochen, wenn der Kochtopf nicht groß genug ist. Erste Partie bis zum Essen warmstellen.

ZUBEREITUNG MIESMUSCHELN

1. Muscheln einzeln unter fließendem kalten Wasser sauberbürsten.

2. Muschelbart entfernen.

3. 20 Minuten in kaltes Wasser legen, damit sie sich vom Sand reinigen.

4. Die Zwiebelwürfel in 1 EL heißem Fett glasig werden lassen.

5. Kleingeschnittenes Gemüse zugeben und kurz mitdünsten.

6. Gehackte Kräuter einstreuen.

7. Je ¼ l Weißwein und Wasser aufgießen. Pfeffern und salzen.

8. Kochplatte auf starke Hitze schalten. Muscheln nochmals kurz säubern.

9. Abgetropfte Muscheln in den kochenden Gemüsesud geben.

10. Bei mittlerer Hitze 8—10 Minuten garen, bis sich die Muscheln öffnen.

11. Muscheln abtropfen lassen. Sud etwas einkochen. Separat servieren.

12. Eßtrick: Eine leere Muschelschale als Zange benutzen.

REZEPTVARIATION MUSCHELRAGOUT

1. Muscheln zubereiten, wie auf der linken Seite beschrieben. Abtropfen lassen. Muschelfleisch aus den Schalen lösen. Schalen wegwerfen.

2. Gemüsesud durch ein Sieb in eine Schüssel gießen, Gemüse aufbewahren. ½ l Gemüsesud abmessen.

3. 30 g Butter in einem Topf bei mittlerer Hitze zerlassen, 30 g Mehl einstreuen. Unter Rühren mit dem Schneebesen den Sud (½ l) aufgießen.

4. Kurz aufkochen. 100 g Crème fraîche unterrühren und 250 g blättrig geschnittene Champignons zugeben.

5. Kochplatte auf geringe Hitze herunterschalten. Abgetropftes Gemüse in den Topf geben und erhitzen.

6. Muschelfleisch zugeben, ebenfalls erhitzen. Mit Zitronensaft und einer Prise Zucker würzen. Salzen und pfeffern.

Bei Tisch

Miesmuscheln „satt" sind ein beliebtes Essen in Freundesrunden. Man ißt sie mit den Fingern und benutzt dabei eine leere Muschelschale als „Besteck" (siehe Foto 12 auf der linken Seite). Den Gemüsesud entweder gesondert — zum Eintauchen des Muschelfleisches — reichen oder beides zusammen in Suppentellern. Empfehlenswerte Beilage: Knusprig aufgebackenes Baguette. Oder aber Schwarzbrot mit Butter. Serviertip: Schälchen mit warmem Zitronenwasser zum Säubern der Finger mit auf den Tisch stellen. Außerdem wichtig: Ein Gefäß für die leeren Muschelschalen.

Wenn etwas übrigbleibt

AUFBEWAHREN

Auch gekochtes Muschelfleisch verdirbt leicht. Deswegen sollte es sofort gegessen und höchstens kurz aufbewahrt werden. Entweder abgedeckt in einem Gefäß im Kühlschrank: Dann 1—2 Tage und möglichst schon gesäuert (siehe Rezept Muschelsalat).

Oder das gekochte Muschelfleisch sofort einfrieren. Auch im Gefriergerät nur maximal einen Monat aufbewahren!

GEBRATENE MUSCHELN

Muschelfleisch (ohne Schalen) auf Küchenpapier abtropfen lassen, in Mehl wälzen und in heißem Olivenöl braten. Salzen, pfeffern und mit einigen Tropfen Zitronensaft säuern.

MUSCHELSALAT

Je 3 EL Essig, Öl und Weißwein mit einer gewürfelten Zwiebel, einer in Scheiben geschnittenen Lauchstange und einer gewürfelten Knoblauchzehe verrühren. Salzen und pfeffern. Gekochtes Muschelfleisch und ein Bund Petersilie unterheben.

Gebratenes Rotbarschfilet mit Tomatensauce und Pilaw

EINKAUF

Rotbarschfilet (ca. 800 g)

Alternative: Seelachsfilet. Frisches Fischfleisch ist fest, glänzend und elastisch. Ein Fingerdruck darf keine Delle hinterlassen. Weiteres Frischekennzeichen: Frischer Geruch. Fischfilet vom Händler in vier Portionen aufteilen lassen. Sofort nach dem Einkauf den Fisch aus der Verpackung nehmen und in einer Glas- oder Porzellanschüssel mit Folie abgedeckt kühl stellen.

1 Zitrone
2 Zwiebeln
Knoblauch (1 Zehe)
1 große Stange Lauch
Tomatenmark (80 g)
Butter (100 g)
Langkornreis (350 g)

Auch Patnareis genannt. Längliche schlanke Körner: nach dem Kochen weiß-körnig. Besonders locker und körnig kochend: Parboiled Reis (speziell behandelt).

Fleischbrühe (1 l)

Alternative: Entsprechende Menge Brühwürfel oder Instantbrühe.

ZUTATEN

Rotbarschfilet

4 Stücke Rotbarschfilet
1 Zitrone
ca. 60 g Mehl
1 EL Butter oder Margarine (ca. 20 g)
Salz

Tomatensauce

1 EL Butter oder Margarine (ca. 20 g)
1 Zwiebel (ca. 50 g)
2 EL Mehl (ca. 20 g)
½ l Wasser
80 g Tomatenmark
Brühwürfel (für ¼ l Wasser)
Salz, Pfeffer

Pilaw

350 g Langkornreis
100 g Butter
1 Zwiebel (ca. 50 g)
1 Knoblauchzehe
¾ l Fleischbrühe
1 Stange Lauch (ca. 300 g)

GERÄTE

2 Kochtöpfe
Pfanne
Litermaß
Schneidbrett
Sieb
Kochlöffel
Messer
Schneebesen
Gabel oder Fleischgabel
Eßlöffel
Bratenwender (Palette)
Küchenpapier
Zitronenpresse

ZEIT

Vorbereitung:
ca. 20 Minuten.

Zubereitung:
ca. 35 Minuten.

KALORIEN/JOULE

pro Person

Gebratenes Rotbarschfilet:
ca. 320 kcal/1340 kJ

Tomatensauce:
ca. 80 kcal/340 kJ

Pilaw:
ca. 550 kcal/2310 kJ

VORBEREITUNG

Gebratenes Rotbarschfilet:
1. Mehl in einen tiefen Teller geben, damit das Fischfilet darin gewälzt werden kann.
2. Fischfilet unter fließendem kalten Wasser waschen, mit Küchenpapier trockentupfen.
3. Zitrone auspressen. Fischfilet damit beträufeln. Dadurch wird das Fischfleisch fester und bekommt einen feinen säuerlichen Geschmack.

Tomatensauce:
Zwiebel würfeln. Mit der Zubereitung etwa 15 Minuten vor dem Essen beginnen.

Pilaw:
1. Zwiebel und Knoblauchzehe würfeln.
2. Lauch putzen, waschen und in feine Röllchen schneiden. Zuerst Pilaw, dann die Tomatensauce und zuletzt den Fisch zubereiten.

ZUBEREITUNG TOMATENSAUCE (1—6)
ZUBEREITUNG GEBRATENES ROTBARSCHFILET (7—12)

1. Kochplatte auf mittlere Hitze schalten.

2. Butter schmelzen, Zwiebelwürfel zugeben und glasig dünsten.

3. Mehl einstreuen und unterrühren.

4. Unter Rühren nach und nach ½ l Wasser zugießen.

5. 80 g Tomatenmark unterrühren.

6. Brühwürfel zugeben. Bei geringer Hitze ca. 5 Minuten köcheln lassen.

7. Kochplatte auf mittlere Hitze schalten.

8. Fischfilet von jeder Seite leicht salzen und in Mehl wenden.

9. Hälfte der Butter oder Margarine in einer Pfanne schmelzen.

10. Zwei Fischfilets in das heiße Fett legen und 2—3 Minuten braten.

11. Fischfilet vorsichtig wenden und weitere 2—3 Minuten braten.

12. Fett mit Küchenpapier aufsaugen, warm stellen. Restliche Filets braten.

ZUBEREITUNG PILAW

1. 350 g Langkornreis in einem Topf mit kaltem Wasser säubern. In ein Sieb schütten und abtropfen lassen.

2. 30 g Butter in einem Topf schmelzen. Je eine gewürfelte Zwiebel und Knoblauchzehe darin glasig dünsten.

3. Den abgetropften Reis zugeben und ca. 2 Minuten unter ständigem Rühren glasig werden lassen. ¾ l Brühe aufgießen.

4. Gut umrühren und aufkochen. Kochplatte auf geringe Hitze herunterschalten.

5. 200 g kleingeschnittenen Lauch zugeben. Deckel auf den Topf setzen und den Reis ca. 15 Minuten ausquellen lassen, bis er die Brühe aufgenommen hat.

6. Restliche Butter (70 g) in Flöckchen in den heißen Reis hineinrühren.

Bei Tisch

Das gebratene Fischfilet gleich nach der Zubereitung servieren. Teller und Platten immer vorwärmen, damit der Fisch heiß auf den Tisch kommt.
Wichtige Tischregel: Zu Fischgerichten deckt man möglichst ein Fischbesteck. Alternative: Zwei Gabeln. Denn Fisch wird zerteilt und nicht geschnitten.
Der Pilaw kann mit feingeschnittenen Kräutern oder geriebenem Käse verfeinert werden. Eine Beilagenvariante ist Kartoffelsalat. Zu gebratenem Fischfilet schmeckt auch eine Käse- oder Senfsauce.

Wenn etwas übrigbleibt

AUFBEWAHREN

Gebratenes Fischfilet sollte möglichst am gleichen Tag, an dem es zubereitet wurde, gegessen werden (wird trocken).
Kühlschrank: Mariniert 1—2 Tage, Reis und Sauce ebenfalls.
Das Gericht ist schneller zubereitet als aufgetaut. Deshalb ist vom Einfrieren abzuraten.

MARINIERTES FISCHFILET

1. 6 EL Öl, 2 EL Essig, 6 EL Zitronensaft und je eine gehackte Zwiebel und Knoblauchzehe miteinander verrühren.
2. Salzen, pfeffern und mit einer Prise Zucker süßen. Ein Bund feingeschnittenen Dill zugeben und die Marinade über das kalte, gebratene Fischfilet gießen.
Etwa 2—3 Stunden durchziehen lassen. Mit Vollkornbrot ist das ein delikates Abendessen.

REISFRIKADELLEN

1. 750 g kalten Pilaw mit vier verquirlten Eiern mischen. Salzen, pfeffern und ein Bund gehackte Petersilie untermischen.
2. Etwa pfirsichgroße Kugeln formen, flachdrücken und bei mittlerer Hitze in heißer Butter oder Margarine von jeder Seite knusprig braun braten. Übrige Tomatensauce mit ⅛ l süßer Sahne verquirlen, erhitzen. Salzen und pfeffern.

Hühnerbrühe mit Eierstich

EINKAUF

Dies ist ein Doppelrezept. Für die Hühnerbrühe muß zunächst ein Suppenhuhn gekocht werden. Das Hühnerfleisch kann kleingeschnitten in die Brühe gegeben oder als Curryhuhn (nächstes Rezept) zubereitet werden.

1 Suppenhuhn

Küchenfertig, d. h. gerupft und ausgenommen. Frisch oder tiefgefroren. Auftauzeit — am besten über Nacht, zugedeckt im Kühlschrank — berücksichtigen. Teure Alternative: Eine zarte, fleischige Poularde (ca. 1,2 kg). Die Kochzeit verringert sich dann von 2—3 auf 1 Stunde.

1 Stange Lauch
1 Petersilienwurzel

Beste Wahl: Mit grünen Petersilienblättern dran. Sie geben der Brühe noch mehr Geschmack. Ersatzweise ein Bund Suppengrün.

1 Bund Petersilie
⅜ l Vollmilch
2 Eier

Beste Wahl: Güteklasse A, Gewichtsklasse 1 oder 2 (große Eier).

Nudeln (100 g)

Kleine Nudeln (Sternchen, Fäden, Buchstaben) als Suppeneinlage.

ZUTATEN

Hühnerbrühe

1 Suppenhuhn (ca. 1,5 kg)
1 Stange Lauch
(ca. 250 g)
1 Petersilienwurzel
(ca. 75 g)
Salz, Pfeffer
100 g Nudeln
1 Bund Petersilie
Salz

Eierstich

2 Eier
⅜ l Milch
Salz

GERÄTE

3 Kochtöpfe (1 großer)
Litermaß
Schälchen
Schneidbrett
Sieb
Schneebesen
Messer
Gabel oder Fleischgabel
Aluminiumfolie
Zylindrische, glattwandige Metall- oder Porzellanform für den Eierstich

ZEIT

Vorbereitung:
ca. 30 Minuten.

Zubereitung:
ca. 3 Stunden
davon ca. 2 Stunden
reine Garzeit.
Schnellkochtopf:
ca. 40 Minuten.

KALORIEN/JOULE

pro Person

Hühnerbrühe:
ohne Fleisch
ca. 140 kcal/590 kJ
mit Fleisch
ca. 850 kcal/3570 kJ

Eierstich:
ca. 110 kcal/460 kJ

VORBEREITUNG

Hühnerbrühe:
1. Lauch putzen, gründlich unter fließendem kalten Wasser waschen und grob zerkleinern.
2. Petersilienwurzel ebenfalls gründlich waschen. Das Grün abschneiden, aber nicht wegwerfen: Es wird mitgekocht.
3. Suppenhuhn gründlich unter fließendem kalten Wasser waschen.
4. Petersilie erst kurz vor dem Servieren der Suppe hacken (sonst wird sie zu trocken) und in die Suppe streuen.

Eierstich:
Damit die Form mit der Eiermasse im Wasserbad nicht auf dem Topfboden steht: Ein längliches Stück Aluminiumfolie zusammendrücken und zu einem Ring geformt in einen Topf (in den die Eierstichform paßt) legen. Wichtig bei der Zubereitung: Eierstichform muß zur Hälfte in heißem, nicht kochendem Wasser stehen! Mit der Zubereitung etwa 1½ Stunden vor dem Essen beginnen.

ZUBEREITUNG HÜHNERBRÜHE

1. Gewaschenes Suppenhuhn in einen großen Kochtopf legen.

2. Kaltes Wasser aufgießen, bis das Huhn bedeckt ist.

3. Lauchstücke dazugeben.

4. Petersilienwurzel und -stiele zugeben.

5. Kochplatte auf starke Hitze schalten.

6. Aufkochen. Leicht salzen und pfeffern.

7. Kochplatte auf geringe Hitze herunterschalten.

8. Zugedeckt je nach Fleischqualität 2—3 Stunden köcheln lassen.

9. Garprobe: Hühnerschenkel muß sich leicht vom Rumpf lösen lassen.

10. Huhn herausnehmen. Brühe in einen anderen Topf seihen.

11. Brühe erhitzen und die Nudeln einstreuen. Leicht salzen.

12. Nudeln in der siedenden Brühe je nach Sorte etwa 5 Minuten garen.

ZUBEREITUNG EIERSTICH

1. Zwei große Eier, ⅜ l Milch und Salz miteinander verquirlen.

2. In eine gefettete, zylindrische, glattwandige Form gießen.

3. Form gut mit Aluminiumfolie verschließen, Ränder festdrücken.

4. In den vorbereiteten Topf mit Alufolie und heißem Wasser stellen.

5. Bei geringer Hitze ca. 1 Stunde stocken lassen. Herausnehmen, stürzen.

6. Eierstich erst in Scheiben, dann in Stücke schneiden.

Bei Tisch

Noch sättigender ist die Hühnerbrühe, wenn das vom Knochen gelöste, kleingeschnittene Hühnerfleisch zugegeben wird.
Tip: War das Suppenhuhn sehr fett, Brühe vor dem Servieren entfetten. Dafür gibt es zwei Möglichkeiten. Obenschwimmende Fettschicht mit Küchenpapier aufsaugen. Oder: Brühe erkalten lassen, erstarrte Fettschicht abheben.

Wenn etwas übrigbleibt

AUFBEWAHREN
Kühlschrank: 3 – 4 Tage.
Gefriergerät:
2 – 3 Monate.

HÜHNERFRIKASSEE
1. Zwei EL Fett bei mittlerer Hitze schmelzen. 2 EL Mehl einstreuen und unterrühren.

2. ½ l Hühnerbrühe und ¼ l süße Sahne aufgießen. Unter ständigem Rühren aufkochen.
3. 350 g Spargelstücke und Champignonscheiben (frisch oder Dose) in der Sauce bei geringer Hitze garziehen lassen.
4. Hühnerfleischstücke zugeben und erhitzen.

5. Zwei Eigelb mit 2 EL Kondensmilch verrühren und vorsichtig unter das heiße, aber nicht mehr kochende Frikassee rühren. Salzen, pfeffern und mit Zitronensaft säuern.

CURRYHUHN
Siehe Rezept auf den nächsten Seiten.

Curryhuhn mit Reis

EINKAUF

Dies ist ein Doppelrezept. Für das Curryhuhn muß zunächst ein Suppenhuhn gekocht werden (Zubereitung siehe vorige Seiten Hühnerbrühe, Phasenfotos 1—9). Am besten das Huhn schon am Vortag kochen und über Nacht in der Brühe auskühlen lassen. Einkauf für das Suppenhuhn siehe voriges Rezept.

3 Zwiebeln
1 Apfel

Eine säuerliche Sorte, z. B. Cox-Orange oder Boskop.

1 kl. Dose Aprikosen (ca. 220 g Einwaage)

Die Früchte sollten halbiert und entkernt sein. Variante: Pfirsiche in Scheiben oder Hälften. Das Curryhuhn schmeckt auch sehr gut ohne die Früchte.

Süße Sahne (¼ l)
Langkornreis (200 g)
Currypulver

Curry, ein Gemisch aus ca. 20 verschiedenen Gewürzen, ist in verschiedenen Schärfen erhältlich. Dieses Rezept verlangt eine milde Sorte.

ZUTATEN

Curryhuhn

1 gekochtes Suppenhuhn (ca. 1,5 kg)
50 g Butter oder Margarine
3 Zwiebeln (ca. 150 g)
1 Apfel (ca. 150 g)
2 EL Mehl (ca. 20 g)
¾ l Wasser
1 kl. Dose Aprikosen (ca. 220 g Einwaage)
¼ l süße Sahne
3 EL Currypulver
Salz

Reis

200 g Langkornreis
½ l Wasser
Salz

Garniervorschlag:
Einige Mandelstifte, Kerbelblättchen und Currypulver.

GERÄTE

4 Kochtöpfe (1 großer)
Litermaß
Schneidbrett
Sieb
Kochlöffel
Messer
Gabel oder Fleischgabel
Eßlöffel
Teelöffel

ZEIT

Vorbereitung:
ca. 2—3 Stunden Kochzeit für das Suppenhuhn.
Curryhuhn:
ca. 20 Minuten.
Zubereitung:
ca. 45 Minuten.

KALORIEN/JOULE

pro Person
Curryhuhn:
ca. 1150 kcal/4830 kJ
Reis:
ca. 180 kcal/760 kJ

VORBEREITUNG

Am Tag vorher:
Suppenhuhn kochen Über Nacht in der Brühe auskühlen lassen.

Curryhuhn:
1. Zwiebeln teilen und in halbe Ringe schneiden.
2. Apfel erst kurz vor dem Anbraten zerkleinern, damit er nicht braun wird.
3. Aprikosen zum Abtropfen in ein Sieb geben (Saft anderweitig verwenden).

Reis:
Mit der Zubereitung etwa 30 Minuten vor dem Essen beginnen.

ZUBEREITUNG CURRYHUHN

1. Gekochtes Huhn aus der Brühe heben und abtropfen lassen.

2. Fleisch von den Knochen lösen (Haut nicht weiterverwenden).

3. Hühnerfleisch in mundgerechte Bissen schneiden.

4. Fett zerlassen, halbe Zwiebelringe und Apfelviertel darin andünsten.

5. Mehl und Currypulver einstreuen. Alles miteinander verrühren.

6. ¾ l Wasser aufgießen und vorsichtig salzen.

7. Zugedeckt ca. 20 Minuten sanft kochen, bis die Äpfel zerfallen.

8. Sauce in einen anderen Topf seihen.

9. Reste mit einem Löffel durch das Sieb streichen.

10. Das kleingeschnittene Fleisch zugeben.

11. Aprikosen vorsichtig erhitzen, damit sie nicht zerkochen.

12. Zum Schluß die Sahne einrühren, aufkochen und würzen.

ZUBEREITUNG REIS

1. Reis (200 g) und ½ l Wasser abmessen. Tip: Ganz einfach geht's tassenweise. Man rechnet je Tasse Reis zwei Tassen Wasser.

2. Reis und kaltes Wasser in einen Topf geben. Einige Minuten weichen lassen.

3. Leicht salzen, umrühren und bei starker Hitze zum Kochen bringen. Etwa 2 Minuten im offenen Topf kochen.

4. Kochplatte ausschalten. Topf auf der heißen Kochplatte stehenlassen.

5. Reis zugedeckt 10—15 Minuten ausquellen lassen, bis er das Wasser völlig aufgenommen hat.

6. Reis zum Auflockern umrühren, mit 20 g Butter (plus ca. 40 Kalorien pro Person) verfeinern.

Bei Tisch

Das scharf-pikante Hauptgericht braucht als kulinarischen Kontrast den milden, neutralen Reis. Je schärfer die Speise, desto mehr Reis ißt man dazu. Besonders dekorativ sieht der Reis aus, wenn Sie ihn (wie auf dem großen Foto) als Timbal servieren. Dafür gibt's zwar spezielle Formen, aber eine Tasse erfüllt den gleichen Zweck: Tasse etwas einölen und den gekochten Reis hineindrücken. Auf einen Teller stürzen.

Wenn etwas übrigbleibt

AUFBEWAHREN

Kühlschrank: Curryhuhn 1—2 Tage, Reis 2—3 Tage.
Gefriergerät: 2—3 Monate. Curryhuhn unaufgetaut mit etwas Milch oder Sahne (damit es nicht anbrennt) langsam erhitzen. Reis in kochendem Wasser erhitzen.

CURRYTOAST

1. Curryhuhn ohne Reis mit gewürfeltem milden Käse vermischen.
2. Auf Toastbrotscheiben verteilen und auf ein Backblech legen.
3. Bei 220 Grad im vorgeheizten Backofen ca. 15 Minuten überbacken.

GEFÜLLTE BLÄTTERTEIGTASCHEN

1. Tiefgekühlte Blätterteigplatten auftauen lassen (ca. 10 Minuten). Menge: Pro Eßlöffel Füllung eine halbe Blätterteigplatte.
2. Curryhuhn mit gekochtem erkalteten Reis, kleingeschnittenen Frühlingszwiebeln und einigen Rosinen zu einer dicken Masse vermischen. Mit Curry abschmecken.
3. Teigscheiben auf einer mit Mehl bestäubten Arbeitsfläche zur doppelten Größe ausrollen.
4. Ausgerollte Teigscheiben halbieren und auf jede Hälfte 1 EL von der Füllung geben.
5. Teigränder mit Eiweiß bestreichen und eine Teighälfte über die Füllung klappen. Ränder fest zusammendrücken.
6. Teigtaschen mit Eigelb bestreichen und auf ein mit Wasser befeuchtetes Backblech legen.
7. Bei 220 Grad im vorgeheizten Backofen ca. 25 Minuten backen.

Putenbrustfilet mit Mandeln, Orangensauce und Herzoginkartoffeln

EINKAUF

4 Putenbrustfilets
à ca. 150 g
Zartes, mageres, saftiges Brustfleisch ohne Knochen. Preiswerte Variante: Hähnchenbrustfilets (ohne Knochen). Beides gibt's auch verhältnismäßig günstig fertig abgepackt in den Frischgeflügelabteilungen der Warenhäuser.

Kartoffeln (750 g)
Schnellste Zubereitung der Herzoginkartoffeln: Mit einem Paket Kartoffelkrokettenpulver.

Weintrauben (ca. 400 g)
Helle Tafeltrauben sind in der Regel preiswerter als die dunklen, da das Angebot größer ist. Hauptangebotszeit: Mitte August bis November. Beste Sorte für dieses Gericht: die seltenen hellen, kleinbeerigen und kernlosen Trauben (Sultana oder Thompson Seedless), die besonders süß und aromatisch schmecken.

Orangensaft (⅜ l)
Butter oder Margarine (100 g)
4 Eier
Gehobelte Mandeln (100 g)
Dünne Blättchen von süßen Mandeln.

Muskatnuß
Muskatnüsse geben, frisch gerieben, ein intensiveres Aroma als gekauftes Muskatpulver.

ZUTATEN

Putenbrustfilet
4 Putenbrustfilets
à ca. 150 g
3 EL Mehl (ca. 30 g)
2 Eier
100 g gehobelte Mandeln
2 EL Butter oder Margarine (ca. 40 g)
Salz

Orangensauce mit Weintrauben
⅜ l Orangensaft
400 g Weintrauben

Herzoginkartoffeln
750 g Kartoffeln
2 Eigelb
3 EL weiche Butter oder Margarine (ca. 60 g)
Salz
1 Msp Muskat

GERÄTE

2 Kochtöpfe
Pfanne
Litermaß
Rührschüssel
Schneidbrett
Schälchen
Schneebesen
Messer
Sparschäler
Gabel oder Fleischgabel
Eßlöffel
Kartoffelpresse oder -stampfer
2 tiefe Teller
Aluminiumfolie
Spritzbeutel mit Sterntülle
Geschirrhandtuch

ZEIT

Vorbereitung:
ca. 45 Minuten, davon ca. 30 Minuten zum Garen der Kartoffeln.

Zubereitung:
ca. 35 Minuten.

KALORIEN/JOULE
pro Person

Putenbrustfilet:
ca. 490 kcal/2060 kJ

Orangensauce:
ca. 120 kcal/500 kJ

Herzoginkartoffeln:
ca. 280 kcal/1180 kJ

VORBEREITUNG

Putenbrustfilet:
Mehl zum Wenden der Putenbrustfilets in einen tiefen Teller geben.

Orangensauce mit Weintrauben:
Gewaschene Weintrauben von den Stielen zupfen, halbieren und evtl. entkernen. Mit der Zubereitung ca. 10 Minuten vor dem Essen beginnen.

Herzoginkartoffeln:
1. Kartoffeln schälen, waschen und in einen Topf geben. Salzkartoffeln kochen. Wasser abgießen.
2. Eier trennen.
3. Backblech mit Aluminiumfolie belegen und leicht einfetten. Mit der Zubereitung ca. 35 Minuten vor dem Essen beginnen. Danach Putenbrustfilets und Orangensauce zubereiten.

ZUBEREITUNG PUTENBRUSTFILET MIT MANDELN (1–9)
ZUBEREITUNG ORANGENSAUCE MIT WEINTRAUBEN (10–12)

1. Eier mit den gehobelten Mandeln verquirlen. Auf einen Teller gießen.

2. Kochplatte auf mittlere Hitze schalten.

3. 2 EL Butter oder Margarine in einer Pfanne schmelzen.

4. Putenbrustfilets auf jeder Seite leicht salzen, in Mehl wenden.

5. Jede Seite durch die Ei-Mandel-Masse ziehen.

6. In das heiße Fett legen und ca. 3 Minuten auf einer Seite braten.

7. Kochplatte auf geringe Hitze herunterschalten.

8. Putenbrustfilets vorsichtig wenden.

9. In weiteren 3 Minuten goldbraun braten. Warm stellen.

10. Orangensaft in einen Topf gießen und aufkochen.

11. Bei starker Hitze ca. 3 Minuten dicklich einkochen.

12. Weintraubenhälften ganz kurz in der Sauce erhitzen.

ZUBEREITUNG HERZOGINKARTOFFELN

1. Gekochte, abgegossene Kartoffeln im offenen Topf 5 Minuten abkühlen lassen.

2. Durch eine Kartoffelpresse drücken oder im Topf zerstampfen. Backofen auf 200 Grad vorheizen.

3. Zwei Eigelbe, 1 EL weiche Butter oder Margarine, Salz und Muskat unter die Kartoffel- oder Krokettenmasse rühren.

4. Kartoffelmasse in einen Spritzbeutel füllen. Gegen die Hitze ein Geschirrhandtuch um den Beutel legen.

5. Portionsweise auf das mit Alufolie bedeckte Backblech spritzen. Restliches Fett schmelzen und darüberträufeln.

6. Backblech in den vorgeheizten Backofen schieben und die Kartoffelmasse in 10—15 Minuten goldbraun backen.

Bei Tisch

Komplett serviert ist dieses Gericht auch ein feines Sonntagsessen oder eine gute Möglichkeit, Gäste zu bewirten. Passendes Getränk dazu: Ein gut gekühlter, trockener Weißwein. Beilagenvariante: Safranreis. Safran duftet kräftig, schmeckt aromatisch bitter. Schon sechs bis sieben Fäden (oder 0,1 g Pulver) geben dem Reis beim Kochen eine intensiv gelbe Farbe.

Wenn etwas übrigbleibt

AUFBEWAHREN

Kühlschrank: 1—2 Tage, das Fleisch wird allerdings trockener (gut in Folie wickeln). Sauce (Weintrauben werden weich) und Herzoginkartoffeln (werden pappig) nicht aufbewahren.

HÄPPCHEN

Fleisch in Stücke geschnitten mit Weintrauben oder Mandarinenstücken aufspießen.

PIKANTER OBSTSALAT

1. Restliche Putenbrustfilets in mundgerechte Bissen schneiden.
2. Je 3 EL Zitronensaft und Weißwein mit Salz, Pfeffer und Zucker verrühren und über das Putenfleisch gießen. Etwa 15 Minuten durchziehen lassen.
3. Einen geschälten, entkernten Apfel in Spalten schneiden und eine in Scheiben geschnittene Banane unterheben.
4. Zwei Orangen sorgfältig schälen und die einzelnen Stücke zu den übrigen Salatzutaten geben.
5. Ananasscheiben (aus einer mittelgroßen Dose) in mundgerechte Bissen schneiden und unter den Salat mischen. Empfehlenswert als leichtes Abendessen oder kleiner Imbiß zwischendurch.

Marinierte Hähnchenschenkel aus dem Backofen mit Pommes frites

EINKAUF

4 Hähnchenschenkel

In Geflügelgeschäften oder an den Geflügeltheken der Kaufhäuser einzeln und in Portionen abgepackt erhältlich.

Knoblauch (1 Zehe)
Sojasauce

Dunkelbraune ostasiatische Würzsauce aus der eiweißreichen Sojabohne. Malzig im Geschmack. Chinesische Sojasauce ist dicklich, japanische dünnflüssig. Beste Wahl: Natürlich gebraute (hergestellte) Sojasauce ohne Konservierungsstoffe.

Pommes frites (600 g)

Praktisch und schnell: Tiefgefrorene Pommes frites, die im Backofen ohne Fettzugabe zubereitet werden können.

Paprikapulver

Gibt's in verschiedenen Schärfen. Dieses Rezept ist auf den weniger scharfen, mild-süßen Edelsüßpaprika abgestimmt.

ZUTATEN

Hähnchenschenkel

4 Hähnchenschenkel
à ca. 250 g
4 EL Öl
6 EL Sojasauce
1 Knoblauchzehe
1 EL Edelsüßpaprika
1 EL Speisestärke
4 EL kaltes Wasser
1 TL Zucker
Salz, Pfeffer

Pommes frites

600 g tiefgefrorene
Pommes frites
Salz

GERÄTE

Kochtopf
Rührschüssel
Schneidbrett
Schälchen
Schneebesen
Messer
Gabel oder Fleischgabel
Eßlöffel
Teelöffel
evtl. Knoblauchpresse

ZEIT

Vorbereitung:
ca. 15 Minuten.
Zubereitung:
ca. 1½ Stunden, davon 30 Minuten Marinierzeit und 45 Minuten reine Garzeit.

KALORIEN/JOULE

pro Person

Hähnchenschenkel:
ca. 360 kcal/1510 kJ

Pommes frites:
ca. 290 kcal/1220 kJ

VORBEREITUNG

Hähnchenschenkel:
1. Knoblauchzehe fein würfeln oder durch eine Knoblauchpresse drücken.
2. Hähnchenschenkel gründlich unter fließendem kalten Wasser waschen und mit Küchenpapier trockentupfen. Die Hähnchenschenkel werden mariniert, das heißt, für einige Zeit in eine Würzsauce eingelegt. Dadurch werden sie besonders zart, saftig und aromatisch.

Pommes frites:
Tiefgefrorene Pommes frites brauchen vor der Zubereitung nicht aufgetaut zu werden. Mit der Zubereitung etwa 30 Minuten vor dem Essen beginnen.

ZUBEREITUNG MARINIERTE HÄHNCHENSCHENKEL

1. 4 EL Öl mit 6 EL Sojasauce verrühren.

2. Knoblauch, Salz, Zucker und Pfeffer dazugeben.

3. 1 EL Edelsüßpaprika zugeben. Mit einem Schneebesen verrühren.

4. Hähnchenschenkel in eine Schüssel schichten.

5. Marinade darübergießen.

6. Zugedeckt mindestens 30 Minuten durchziehen lassen (marinieren).

7. Backofen auf 200 Grad vorheizen.

8. Hähnchenschenkel auf den Bratrost legen. Fettfangschale unterschieben.

9. Marinadenrest darübergießen. 45 Minuten (untere Schiene) braten.

10. Bratensatz mit ⅛ l Wasser ablösen. In einen Topf gießen.

11. Aufkochen. 1 EL Speisestärke mit 4 EL kaltem Wasser verrühren.

12. In den Bratenfond rühren, kurz aufkochen und abschmecken.

ZUBEREITUNG POMMES FRITES

1. Ein Stück Küchenpapier mit ganz wenig Öl tränken und ein Backblech damit ausreiben.

2. Die tiefgefrorenen Pommes frites daraufschütten und gleichmäßig verteilen.

3. Zu den Hähnchenkeulen oben in den Ofen schieben und in ca. 20 Minuten goldbraun backen. Salzen!

BEILAGENVARIATION KNOBLAUCHBAGUETTE

1. Eine Baguette mehrmals (in 10-cm-Abständen) ein- aber nicht durchschneiden und in jeden Einschnitt ein Stück Butter drücken.

2. Drei Knoblauchzehen sehr fein würfeln und ebenfalls in die Einschnitte verteilen.

3. Baguette in Aluminiumfolie wickeln und für etwa 15 Minuten zu den Hähnchenschenkeln in den Backofen schieben.

Bei Tisch

Marinierte Hähnchenschenkel aus dem Backofen sind auch ein ideales Partygericht. Sie können über Nacht mariniert werden (Hähnchenfleisch wird dann besonders würzig und zart). Kurz bevor die Gäste kommen, einfach in den Backofen schieben. Hähnchenschenkel dürfen aus der Hand gegessen werden. Darum sollte man kleine Papiermanschetten oder Aluminiumfolie an den Schenkelenden befestigen. Für alle Fälle: Schälchen mit warmem Zitronenwasser und Papierservietten zum Säubern der Finger, sowie Teller für die Knochen bereitstellen.

Wenn etwas übrigbleibt

AUFBEWAHREN

Kühlschrank: Hähnchenschenkel 1—2 Tage. Mariniert und ungebraten 2—3 Tage.
Gefriergerät: 2—3 Monate. Tip: Mariniert und ungebraten einzeln in Aluminiumfolie wickeln. Gefroren ohne Folie auf ein Backblech in den Backofen legen; Garzeit verlängert sich um etwa 30— 40 Minuten.

EXOTISCHE GEFLÜGELPFANNE

1. Fleisch von den restlichen Hähnchenschenkeln lösen und in mundgerechte Bissen zerteilen.
2. Je 5 EL Sojasauce und Wasser sowie die restliche Sauce von den Hähnchenschenkeln mit 1 EL Öl in eine Pfanne geben und bei mittlerer Hitze aufkochen. Mit 1 TL Tomatenmark und einer Prise Zucker würzen.

3. Ein Bund kleingeschnittene Frühlingszwiebeln und drei in dünne Stifte geschnittene Möhren in die Sauce geben. Zugedeckt ca. 5 Minuten bei geringer Hitze köcheln lassen.
4. Restliches Geflügelfleisch zugeben und kurz mit erhitzen. Salzen und pfeffern. Mit körnig gegartem Reis servieren.

Gefüllte Poularde

EINKAUF

2 Poularden

Besonders zarte, 8—9 Wochen alte, noch nicht geschlechtsreife Fleischhühner. Preiswerte Variante: zwei Masthähnchen. Küchenfertig, das heißt gerupft und ausgenommen. Leber und Herz werden für die Füllung verwendet. Ersatzweise 100 g Geflügelleber, geräucherten oder gekochten Schinken extra kaufen. Bei tiefgefrorenem Geflügel die Auftauzeit (ca. 20 Stunden) einkalkulieren: über Nacht zugedeckt im Kühlschrank auftauen lassen.

3 Zwiebeln
2 Bund Petersilie
Champignons (125 g)

Preiswert: weiße Champignons. Teure Alternative: rosa Champignons mit sehr ausgeprägtem Aroma oder Steinpilzchampignons. Zuchtpilze werden das ganze Jahr angeboten.

Süße Sahne

Zum Bestreichen der Poularde. Ersatzweise: Kondensmilch (10 % Fettgehalt).

6 Scheiben Toastbrot
Paprikapulver

Das Rezept ist auf den weniger scharfen Edelsüßpaprika abgestimmt.

ZUTATEN

2 Poularden à ca. 1,2 kg
3 Zwiebeln (ca. 150 g)
2 EL Butter oder Margarine (ca. 40 g)
100 g Innereien von den Poularden (Leber, Herz)
125 g Champignons
6 Scheiben Toastbrot (ca. 120 g)
2 Bund Petersilie
Salz, Pfeffer
6 EL süße Sahne
2 EL Edelsüßpaprika

Garniervorschlag:
Petersilie

GERÄTE

Pfanne
Schneidbrett
Kochlöffel
Messer
Eßlöffel
Holzspießchen (Zahnstocher)
Geflügel- oder Küchenschere
Küchenpinsel

ZEIT

Vorbereitung:
ca. 45 Minuten.
Zubereitung:
ca. 1 Stunde,
davon ca. 50 Minuten reine Garzeit.

KALORIEN/JOULE

pro Person
ca. 890 kcal/3740 kJ

VORBEREITUNG

1. Poularden gründlich unter fließendem kalten Wasser waschen. Leber und Herz herausnehmen und ebenfalls abspülen.
2. Mit Küchenpapier trockengetupfte Innereien würfeln.
3. Zwiebeln würfeln.
4. Champignons mit einem Küchenpinsel gründlich säubern (nicht waschen, sonst werden sie braun) und fein hacken.
5. Toastbrotscheiben würfeln.
6. Petersilie hacken.
7. Sahne und Edelsüßpaprika verrühren.

ZUBEREITUNG GEFÜLLTE POULARDE

1. Kochplatte auf mittlere Hitze schalten.

2. Fett schmelzen lassen. Zwiebelwürfel und Innereien darin anbraten.

3. Champignons, Brotwürfel und gehackte Petersilie zugeben. Würzen.

4. Füllung etwas abkühlen lassen. Backofen auf 225 Grad vorheizen.

5. Gewaschene Poularde mit Küchenpapier trockentupfen. Innen würzen.

6. Füllmasse in die Poularden löffeln.

7. Poularden mit kleinen Holzspießchen (Zahnstocher) zustecken.

8. In eine Fettfangschale legen, Flügel nach innen einschlagen.

9. Poularde mit der Sahne-Paprika-Mischung rundherum bestreichen.

10. Im vorgeheizten Backofen in ca. 50 Minuten goldbraun backen.

11. Mit einer Geflügelschere den Brustknochen zerschneiden.

12. Mit einem großen Küchenmesser halbieren.

REZEPTVARIATION MIT SÜSSER FÜLLUNG

1. Für die Füllung 250 g Backobst (Trockenfrüchte) und 100 g Rosinen mit ¼ l heißem Wasser übergießen und etwa ½ Stunde weichen lassen.

2. Poularden vorbereiten und innen würzen, wie auf der linken Seite beschrieben. Abgetropfte Früchte einfüllen.

3. Weitere Zubereitung wie auf der linken Seite unter den Punkten 7—10 beschrieben. 10 Minuten vor dem Ende der Bratzeit zwei Tassen Wasser in die Fettfangschale gießen.

4. Den abgelösten Bratensatz durch ein Sieb in einen kleinen Kochtopf gießen und aufkochen.

5. Mit Saucenbinder oder mit angerührter Speisestärke binden. Kurz aufkochen.

6. 1 EL kalte Butter unterrühren. Salzen, pfeffern und mit Edelsüßpaprika würzen.

Bei Tisch

Gefüllte Poularden sind Hauptgericht und Beilage in einem. Serviertip: Teller für die Knochenreste und Schälchen mit warmem Zitronenwasser zum Säubern der Finger auf den Tisch stellen. Außerdem Papierservietten mitdecken.

Wenn etwas übrigbleibt

AUFBEWAHREN

Kühlschrank: Poularde ohne Füllung 1—2 Tage. Verwendungstip für die Füllung: in heißer Butter oder Margarine braten. Gefriergerät: Ohne Füllung 2—3 Monate.

GEFLÜGELSALAT HAWAII

1. Etwa 300 g gegartes Geflügelfleisch von den Knochen lösen und in mundgerechte Bissen schneiden.
2. 200 g Ananas (aus der Dose) abtropfen lassen, Saft auffangen. 150 g gesäuberte Champignons vierteln.
3. 200 g Spargel (aus der Dose) abtropfen lassen und in mundgerechte Bissen schneiden.

4. 5 EL Mayonnaise mit 4 EL Ananassaft, 3 EL Milch, Salz, Pfeffer und einigen Spritzern Worchestersauce verrühren. Über die Salatzutaten gießen. Alles miteinander vermengen und durchziehen lassen. Gut gekühlt mit frisch gerösteten Toastbrotscheiben servieren.

Frikadellen mit Kartoffelsalat

EINKAUF

500 g Rinderhackfleisch

Preiswerte Variante: Gemischtes Hackfleisch — halb Schwein, halb Rind. Hackfleisch immer erst am Tag der Zubereitung kaufen und sofort verarbeiten! Auch im Kühlschrank nicht länger als 12 Stunden aufbewahren. Hackfleisch verdirbt besonders rasch.

Geräucherter durchwachsener Speck (100 g)

Im Stück oder gewürfelt.

2 Bund Petersilie
Kartoffeln (1 kg)

Beste Sorte: Festkochende Kartoffeln (Salatware).

4 Zwiebeln
1 Ei
1 Brötchen

Das Brötchen kann altbacken sein.

Brühe (⅛ l)

Ersatzweise: gekörnte Brühe (Instant). Leichter zu dosieren als Brühwürfel.

Essig

Kräuter- oder Weinessig.

ZUTATEN

Frikadellen

500 g Hackfleisch
2 Zwiebeln (ca. 100 g)
1 Ei
1 Brötchen
1 Bund Petersilie
Salz, Pfeffer
1 EL Butter oder
Margarine (ca. 20 g)

Kartoffelsalat

1 kg Kartoffeln
100 g geräucherter durchwachsener Speck
2 Zwiebeln (ca. 100 g)
3 EL Öl
⅛ l Brühe
3 EL Essig
1 Bund Petersilie
Salz, Pfeffer

GERÄTE

Kochtopf
Pfanne
Litermaß
2 Rührschüsseln
Schneidbrett
Schälchen
Messer
Gabel oder Pellgabel
Bratenwender (Palette)
Eßlöffel
Salatbesteck
Teller

ZEIT

Vorbereitung:
ca. 40 Minuten,
davon 25 Minuten
Garzeit für die Kartoffeln.
Schnellkochtopf:
ca. 8–10 Minuten.

Zubereitung:
ca. 35 Minuten.

KALORIEN/JOULE

pro Person

Frikadellen:
ca. 500 kcal/2100 kJ

Kartoffelsalat:
ca. 420 kcal/1760 kJ

VORBEREITUNG

Frikadellen:
1. Zwiebeln fein würfeln.
2. Petersilie hacken.

Kartoffelsalat:
1. Kartoffeln gründlich unter fließendem kalten Wasser sauberbürsten und in einen Topf geben.
2. Pellkartoffeln kochen.
3. Das Kochwasser abgießen. Kartoffeln kurz abkühlen lassen. Am besten noch heiß pellen, dann läßt sich die Schale leichter abziehen.
Soll der Kartoffelsalat kalt serviert werden, die Zubereitung einige Stunden vorverlegen.

ZUBEREITUNG FRIKADELLEN

1. Brötchen in ¼ l lauwarmem Wasser einweichen.

2. Hackfleisch und Zwiebelwürfel in eine Rührschüssel geben.

3. Ein Ei aufschlagen und dazugeben.

4. Gut ausgedrücktes Brötchen zugeben.

5. Gehackte Petersilie einstreuen. Salzen und pfeffern.

6. Alle Zutaten zu einem Fleischteig verkneten.

7. Hände mit Wasser anfeuchten. Aus dem Teig Frikadellen formen.

8. Kochplatte auf mittlere Hitze schalten.

9. 2 EL Fett schmelzen und die Frikadellen in die Pfanne legen.

10. Etwa 4 Minuten auf einer Seite braten.

11. Kochplatte auf geringe Hitze herunterschalten.

12. Frikadellen wenden und weitere 4 Minuten braten.

ZUBEREITUNG KARTOFFELSALAT

1. Gekochte Kartoffeln mit einer Gabel oder Pellgabel und einem kleinen Messer pellen.

2. Gepellte Kartoffeln in Scheiben schneiden. 100 g Speck und zwei Zwiebeln würfeln.

3. Kochplatte auf mittlere Hitze schalten und 3 EL Öl in einem Topf erhitzen.

4. Speckwürfel in dem heißen Öl bräunen. Zwiebelwürfel dazugeben und kurz mitbraten.

5. ⅛ l Brühe und 3 EL Essig aufgießen und zu einem Sud aufkochen. Petersilie hacken.

6. Kartoffelscheiben in eine Schüssel geben. Sud darübergießen und alles vorsichtig mit der Petersilie mischen.

Bei Tisch

Frikadellen — in Bayern als Fleischpflanzerln oder in Berlin als Buletten bekannt — sind ein preiswertes Alltagsgericht. Geradezu ideal eignen sie sich für Picknicks, Parties oder ähnliche Anlässe. Die würzigen Bratklopse können auch kalt gegessen werden. Senf, Ketchup oder Meerrettich sollten zum Würzen auf dem Tisch stehen. Weitere passende Beilagen: Blumenkohl, Gemüsegratin.

Wenn etwas übrigbleibt

AUFBEWAHREN

Kühlschrank: Kartoffelsalat und Frikadellen 3— 4 Tage.
Gefriergerät: Frikadellen 2—3 Monate. Im Kühlschrank über Nacht auftauen lassen.

HAMBURGER

1. Kalte Frikadelle quer in Scheiben schneiden und in zerlassener Butter oder Margarine erhitzen.

2. Weiche Sesambrötchen halbieren. Die untere Hälfte mit einem Salatblatt und Gurkenscheiben belegen.
3. Frikadellenscheiben und Toast-Scheiblettenkäse darauflegen.
4. Eine Schicht Tomatenscheiben, je 1 EL Mayonnaise und Ketchup daraufgeben. Mit der oberen Brötchenhälfte abdecken.

HÄPPCHEN

Kalte Frikadellen in etwa 2—3 cm große Würfel schneiden. Mit Weintrauben, Mandarinen (aus der Dose), Mixed Pickles (sauer eingelegtes Gemüse) oder Radieschen abwechselnd auf kleine Holzspieße stecken.

Kohlrouladen mit Bratkartoffeln

EINKAUF

Rinderhackfleisch (400 g)
Pikanter und preiswerter: Gemischtes Hackfleisch — halb Schwein, halb Rind.

Geräucherter durchwachsener Speck (150 g)
Im Stück, in Scheiben oder am besten fertig gewürfelt.

1 Kopf Weißkohl
Auch Weißkraut, Kraut oder Kappes genannt. Ganzjährig erhältlich. Benötigte Menge für die Kohlrouladen: Acht große Blätter (ca. 500 g). Deshalb einen Kopf mit schönen äußeren Blättern auswählen. Rest anderweitig, z. B. zu Krautsalat verarbeiten.

9 Zwiebeln
1 Bund Petersilie
Kartoffeln (750 g)
Beste Sorte für Bratkartoffeln: Festkochende Kartoffeln (Salatware). Schnell, aber teuer: Geschälte Kartoffeln im Glas.

1 Ei

ZUTATEN

Kohlrouladen

8 große Weißkohlblätter (ca. 500 g)
400 g Hackfleisch
5 Zwiebeln (ca. 250 g)
1 Bund Petersilie
1 Ei
150 g geräucherter durchwachsener Speck
2 EL Mehl (20 g)
¼ l Wasser
Salz, Pfeffer

Bratkartoffeln

750 g Kartoffeln
4 Zwiebeln (ca. 200 g)
Salz, Pfeffer
2 EL Öl

GERÄTE

3 Kochtöpfe
Pfanne
Litermaß
Rührschüssel
Schneidbrett
Kochlöffel
Schneebesen
Messer
Gabel oder Pellgabel
Eßlöffel
Bratenwender (Palette)
Schaumkelle
evtl. elektrisches Handrührgerät
Geschirrhandtuch
Küchengarn oder -zwirn

ZEIT

Vorbereitung:
ca. 45 Minuten, davon ca. 25 Minuten Garzeit für die Kartoffeln.
Zubereitung:
ca. 1 Stunde.

KALORIEN/JOULE

pro Person
Kohlrouladen:
ca. 630 kcal/2650 kJ
Bratkartoffeln:
ca. 200 kcal/840 kJ

VORBEREITUNG

Kohlrouladen:
1. Von dem Kohlkopf acht möglichst große Blätter ablösen, dicke Blattrispen flachschneiden.
2. Zwiebeln würfeln.
3. Petersilie hacken.
4. Speck würfeln.
5. Vom Küchengarn oder -zwirn acht etwa 50 cm lange Stücke zum Binden der Kohlrouladen abschneiden.

Bratkartoffeln:
Kartoffeln gut waschen und in einen Kochtopf geben. Kartoffeln mit Schale kochen. Etwas abkühlen lassen. Kartoffeln können auch am Vortag gekocht werden! Mit der Zubereitung etwa 25 Minuten vor dem Essen beginnen (während die Kohlrouladen schmoren).

ZUBEREITUNG KOHLROULADEN

1. Abgelöste Weißkohlblätter in sprudelnd kochendes Wasser geben.

2. Etwa 4 Minuten kochen. Mit Schaumkelle herausheben.

3. In kaltem Wasser abkühlen und zum Abtropfen auf ein Tuch legen.

4. Hackfleisch, Hälfte der Zwiebelwürfel, Petersilie und Ei verkneten.

5. Salzen und pfeffern und auf den Kohlblättern verteilen.

6. Seiten einschlagen, zusammenrollen. Mit Küchengarn umwickeln.

7. Kochplatte auf mittlere Hitze schalten.

8. Speckwürfel ausbraten und die Kohlrouladen darauflegen.

9. Etwa 5 Minuten rundherum anbraten, dann herausheben.

10. Restliche Zwiebelwürfel und Mehl zum Speck geben und verrühren.

11. ¼ l Wasser aufgießen. Unter Rühren aufkochen. Würzen.

12. Rouladen in die Sauce legen. Zugedeckt ca. 25 Minuten schmoren.

ZUBEREITUNG BRATKARTOFFELN

1. Gekochte Kartoffeln mit einem kleinen Küchenmesser abpellen.

2. Kartoffeln in Scheiben, Zwiebeln in Ringe schneiden.

3. 2 EL Öl in eine große Pfanne gießen und erhitzen.

4. Kartoffelscheiben hineinschütten. Bei mittlerer Hitze anrösten.

5. Unter Wenden goldbraun braten, Zwiebelscheiben kurz mitbraten.

6. Zum Schluß salzen und pfeffern.

Bei Tisch

Kohlrouladen sind ein ebenso beliebtes wie deftiges Alltagsgericht. Vor dem Servieren Küchengarn oder -zwirn durchschneiden und entfernen. Sauce separat reichen. Feinschmecker-Tip: Vorher mit saurer Sahne oder Crème fraîche verfeinern. Ideale Beilagen: Pell- oder Salzkartoffeln, Kartoffelpüree.

Wenn etwas übrigbleibt

AUFBEWAHREN

Kühlschrank: 1—2 Tage. Bratkartoffeln sollten nicht aufbewahrt werden. Gefriergerät: Kohlrouladen 2—3 Monate. Zugedeckt über Nacht im Kühlschrank auftauen lassen oder unaufgetaut mit etwas Brühe (damit nichts anbrennt) in einen Topf geben und langsam erhitzen.

WEISSKOHLGEMÜSE

1. Den Weißkohl-Kopf, der immer übrigbleibt, halbieren oder vierteln. Den harten Strunk herausschneiden. Kohl in Streifen schneiden, dicke Blattrippen flachschneiden. Mit 1 EL Kümmel vermischen.
2. 2 EL Schweineschmalz bei mittlerer Hitze zerlassen.
3. 100 g Speckwürfel darin anrösten.
4. Weißkohl dazuschütten, ⅛ l Wasser aufgießen und aufkochen.
4. Salzen, pfeffern und bei geringer Hitze etwa 30—40 Minuten garen.

Gefüllte Paprikaschoten in Tomatensauce

EINKAUF

Rinderhackfleisch (500 g)
Preiswerte, saftige Variante: Gemischtes Hackfleisch — halb Rind, halb Schwein.

4 Paprikaschoten
Die Farbe der Paprikaschoten spielt bei diesem Rezept keine Rolle. Allerdings: Rote, gelbe oder schwarzbraune Paprikaschoten sind meist teurer als die grünen.

4 Zwiebeln
Knoblauch (1 Zehe)
1 Bund Schnittlauch
Oder Petersilie
5 Tomaten
Sehr gut geeignet: Fleischtomaten. Schnellere Alternative: Eine Dose geschälte Tomaten, dann entfallen ca. 20 Minuten Garzeit für die Sauce.

1 Ei
Langkornreis

ZUTATEN

Gefüllte Paprikaschoten
2 Zwiebeln (ca. 100 g)
500 g Hackfleisch
1 Bund Schnittlauch
1 Ei
30 g Reis
4 Paprikaschoten (ca. 800 g)
Salz, Pfeffer

Tomatensauce
2 Zwiebeln (ca. 100 g)
1 Knoblauchzehe
5 Tomaten (ca. 400 g)
Salz, Pfeffer

GERÄTE

2 Kochtöpfe (ein möglichst breiter Topf, damit die vier Paprikaschoten nebeneinander Platz haben)
Rührschüssel
Schneidbrett
Kochlöffel
Messer
Eßlöffel

ZEIT

Vorbereitung:
ca. 30 Minuten.

Zubereitung:
ca. 1 Stunde 10 Minuten, davon ca. 45 Minuten reine Garzeit.
Schnellkochtopf:
ca. 15 Minuten.

KALORIEN/JOULE

pro Person
Paprikaschoten:
ca. 500 kcal/2100 kJ
Tomatensauce:
ca. 30 kcal/130 kJ

VORBEREITUNG

Paprikaschoten:
1. Zwiebeln würfeln.
2. Schnittlauch in feine Röllchen schneiden.
3. Reis in $\frac{3}{8}$ l leicht gesalzenem Wasser ausquellen lassen. Gegarten Reis in ein Sieb schütten und auskühlen lassen. Der Reis kann auch am Vortag gegart und zugedeckt im Kühlschrank aufbewahrt werden.

Tomatensauce:
1. Zwiebeln und Knoblauchzehe fein würfeln.
2. Tomaten vierteln.
Zuerst die Tomatensauce zubereiten und dann die Paprikaschoten füllen (während die Tomatensauce köchelt).

ZUBEREITUNG TOMATENSAUCE (1—3)
ZUBEREITUNG REIS-HACKFLEISCH-FÜLLUNG (4—6)
ZUBEREITUNG GEFÜLLTE PAPRIKASCHOTEN (1—12)

1. Kochplatte auf mittlere Hitze schalten.

2. Knoblauch, Hälfte der Zwiebeln sowie Tomaten in einen Topf geben.

3. Aufkochen. Bei geringer Hitze ca. 25 Minuten köcheln lassen. Würzen.

4. Hack, übrige Zwiebeln, Knoblauch, Schnittlauch und Ei verkneten.

5. Gekochten, kalten Reis dazuschütten. Alles gut miteinander vermengen.

6. Die Hackfleisch-Reis-Masse salzen und pfeffern.

7. Von den gewaschenen Paprikaschoten einen Deckel abschneiden.

8. Kerne entfernen. Am besten mit kaltem Wasser herausspülen.

9. Hackfleischmasse mit mit einem Löffel in die Paprikaschoten füllen.

10. Deckel aufdrücken. Paprikaschoten in die köchelnde Sauce setzen.

11. Topf zudecken.

12. Etwa 45 Minuten bei geringer Hitze garen.

REZEPTVARIATION GEFÜLLTE AUBERGINEN

1. Zunächst die Tomatensauce, wie auf der linken Seite unter den Punkten 1—3 beschrieben, in einem Kochtopf mit Metallgriffen zubereiten.

2. Zwei geputzte, gewaschene Auberginen längs halbieren. Mit einem Teelöffel so viel Fruchtfleisch herauslösen, daß eine etwa 2 cm dicke Wand zurückbleibt.

3. Hackfleischfüllung, wie auf der linken Seite unter den Punkten 4—6 beschrieben, zubereiten. Das ausgelöste Auberginenfleisch kleinschneiden und untermischen.

4. Die ausgehöhlten Auberginenhälften mit der Hackfleisch-Masse füllen und wie die Paprikaschoten in die Tomatensauce hineinsetzen.

5. Auberginen zugedeckt, bei geringer Hitze, ca. 30 Minuten garen. Inzwischen 100 g Hartkäse grob raspeln und den Backofen auf 225 Grad vorheizen.

6. Käseraspel über die Auberginen streuen und den offenen Topf in den vorgeheizten Backofen schieben. Etwa 10 Minuten überbacken.

Bei Tisch

Die gefüllten Paprikaschoten sind ein herzhaftes Hauptgericht. Beilagenvorschlag: Körnig gegarter, mit Thymian gewürzter Reis. Tip: Tomatensauce vor dem Servieren durch ein Sieb gießen, wenn Haut und Kerne zurückbleiben sollen. Mit frisch gehackten Kräutern wie Petersilie, Schnittlauch oder Thymian würzen. Party-Idee: Mehrere gefüllte Paprikaschoten auf einem tiefen Backblech (Fettfangschale) garen und darauf servieren.

Wenn etwas übrigbleibt

AUFBEWAHREN

Kühlschrank: 1—2 Tage. Gefriergerät: 2—3 Monate. Im Kühlschrank zugedeckt über Nacht auftauen lassen oder unaufgetaut mit etwas Brühe oder Tomatensaft (damit nichts anbrennt) in einen Topf geben und langsam erhitzen.

PAPRIKA-REIS-TOPF

1. Restliche kalte Paprikaschoten würfeln.
2. In 2 EL Butter oder Margarine anbraten.
3. Etwa 100 g gekochten Reis untermischen.
4. Übrige Tomatensauce dazugießen, aufkochen, pfeffern und salzen.

ÜBERBACKENE PAPRIKA

1. Zwei bis drei kalte Paprikaschoten quer in Scheiben schneiden.
2. Dachziegelartig in eine ausgebutterte feuerfeste Form legen.
3. Restliche Tomatensauce durch ein Sieb gießen. Mit einem Löffel die Reste durchdrücken.
4. Sauce mit Edelsüßpaprika und geriebenem Hartkäse würzen.
5. Über die Paprikascheiben gießen. Im vorgeheizten Backofen bei 225 Grad ca. 20—30 Minuten überbacken.

Kalbsleber mit Apfelspalten und Kartoffelpüree

EINKAUF

4 Scheiben Kalbsleber

Feinste und zugleich teuerste Leber (ausgenommen Gänsestopfleber). Preiswerte Variante: Schweineleber, die jedoch mehr Sehnen hat und deftiger im Geschmack ist. Sehnen und Haut der Leber vom Metzger entfernen lassen.

3 Äpfel

Beste Wahl für dieses Gericht: Boskop oder Cox-Orange.

1 Zitrone

Kartoffeln (1 kg)

Am besten: Eine mehlige, weichkochende Sorte. Alternative: Kartoffelpüreepulver.

Butter oder Margarine (ca. 100 g)

Vollmilch (¼ l)

Muskatnuß

Ganze Muskatnüsse geben, frisch gerieben, einen intensiveren Geschmack als gekauftes Muskatpulver.

ZUTATEN

Kalbsleber

3 Äpfel (ca. 450 g)
1 Zitrone
4 Scheiben Kalbsleber (ca. 600 g)
4 EL Mehl (ca. 40 g)
50 g Butter oder Margarine
Salz, Pfeffer

Kartoffelpüree

1 kg Kartoffeln
50 g Butter oder Margarine
¼ l Milch
1 Msp Muskat
Salz, Pfeffer

Garniervorschlag:
Frische Salbeiblätter

GERÄTE

Kochtopf
Pfanne
Litermaß
Schneidbrett
Kochlöffel
Messer
Gabel oder Fleischgabel
Eßlöffel
Kartoffelpresse oder -stampfer
2 Teller

ZEIT

Vorbereitung:
ca. 20 Minuten.

Zubereitung:
ca. 45 Minuten, davon ca. 30 Minuten Garzeit für die Kartoffeln. Schnellkochtopf:
ca. 8—10 Minuten.

KALORIEN/JOULE

pro Person

Kalbsleber mit Apfelspalten:
ca. 400 kcal/1680 kJ

Kartoffelpüree:
ca. 310 kcal/1300 kJ

VORBEREITUNG

Kalbsleber:
1. Kalbsleber mit Küchenpapier trockentupfen.
2. Mehl auf einen Teller schütten.
3. Teller vorwärmen, damit die gebratene Leber später heiß bleibt.
4. Äpfel schälen.

Kartoffelpüree:
Kartoffeln schälen, waschen und mit Wasser bedecken, damit sie nicht grau werden. Mit der Zubereitung ca. 40 Minuten vor dem Essen beginnen. Leber kurz vor dem Essen braten.

ZUBEREITUNG KALBSLEBER MIT APFELSPALTEN

1. Geschälte Äpfel vierteln und entkernen. In Spalten schneiden.

2. Die Spalten mit Zitronensaft beträufeln, damit sie nicht braun werden.

3. Kochplatte auf mittlere Hitze schalten.

4. Butter oder Margarine in einer Pfanne schmelzen.

5. Leberscheiben in Mehl wenden. Leicht abschütteln.

6. Bemehlte Leber in das heiße Fett hineinlegen.

7. Etwa 2 Minuten braten. Kochplatte auf geringe Hitze herunterschalten.

8. Leber wenden und weitere 2 Minuten auf der anderen Seite braten.

9. Herausheben und auf einen vorgewärmten Teller legen.

10. Apfelspalten ins Bratfett schütten.

11. Etwa 3 Minuten bei geringer Hitze braten.

12. Leber salzen und pfeffern. Die Apfelspalten darauflegen.

ZUBEREITUNG KARTOFFELPÜREE

1. Geschälte Kartoffeln in einen Topf geben. Mit kaltem Wasser bedecken, leicht salzen und bei starker Hitze aufkochen.

2. Kochplatte auf geringe Hitze herunterschalten und die Kartoffeln ca. 20 Minuten köcheln lassen. Garprobe machen.

3. Das Kochwasser abgießen. Vorsicht, heiß: Topflappen verwenden!

4. Kartoffeln durch eine Kartoffelpresse drücken oder im Topf zerstampfen. ¼ l Milch erhitzen.

5. Erst 50 g weiche Butter oder Margarine flöckchenweise, dann die Milch nach und nach unter die Kartoffelmasse rühren.

6. Püree mit einer Prise frisch geriebenem Muskat würzen. Salzen und pfeffern.

Bei Tisch

Kalbsleber mit Apfelspalten und Kartoffelpüree ist ein feines, wenngleich nicht billiges Hauptgericht. Auf klassische „Berliner Art" serviert man noch zusätzlich Zwiebelringe, die in einer Mischung aus Mehl und Edelsüßpaprika (1 zu 1) gewälzt und in heißem Öl knusprig braun gebraten werden. In manchen Gegenden ersetzt Apfelmus die gebratenen Apfelspalten.

Wenn etwas übrigbleibt

AUFBEWAHREN

Frisch gebratene Kalbsleber ist saftig und zart. Wird sie jedoch wieder aufgewärmt, schmeckt sie trocken und ist hart. Kartoffelpüree im Kühlschrank 1—2 Tage. Vorschlag: Wie Frikadellen formen und in heißem Fett goldbraun braten.

GESCHNETZELTE LEBER

1. Etwa 300 g rohe Kalbsleber in dünne Streifen schneiden. In Mehl wenden.
2. Kochplatte auf mittlere Hitze schalten. 2 EL Öl in einer Pfanne erhitzen.
3. Eine gewürfelte Zwiebel andünsten, Leberstreifen zugeben und unter Wenden braun braten.
4. ¼ l süße Sahne und fünf feingeschnittene, frische Salbeiblätter dazugeben. Salzen und pfeffern. Etwa 4 Minuten durchkochen.

FEINSCHMECKER-TIP

1. Rohe Kalbsleber in Mehl wenden und braten, wie auf der linken Seite beschrieben.
2. In hauchdünne Streifen schneiden und noch warm zu einem kalten, gemischten Salat reichen. Ideal als Vorspeise oder leichtes Hauptgericht an heißen Tagen.

Wiener Schnitzel mit Feldsalat

EINKAUF

4 Kalbsschnitzel

Beste Wahl: Aus der Oberschale (der innere Teil der Keule) geschnitten. Oder aus der Kugel (Nuß). Die Schnitzel sind zwar kleiner, aber sehr zart. Weniger empfehlenswert: Schnitzel aus der Unterschale. (Gröbere Fleischfasern, unterteilt durch Bindegewebe.) Preiswerte Variante: Schweineschnitzel.

Feldsalat (250 g)

Auch als Ackersalat oder Rapunzel bekannt. Kleine Büschel hell- oder dunkelgrüner, ovaler Blätter. Ganzjährig erhältlich. Im Frühjahr und Herbst besonders günstig.

3 Zitronen

Butter (80 g)

Öl

Geschmacksneutral: Salatöl. Das aromatischere, kaltgepreßte Olivenöl ist wesentlich teurer!

2 Eier

Semmelbrösel (150 g)

Entweder von trockenem Weißbrot, Brötchen oder Zwieback selbst reiben oder fertig kaufen.

ZUTATEN

Wiener Schnitzel

4 Kalbsschnitzel
(ca. 800 g)
4 EL Mehl (ca. 40 g)
2 Eier
150 g Semmelbrösel
4 EL Butter (ca. 80 g)
1 Zitrone

Feldsalat

250 g Feldsalat
2 Zitronen
5 EL Öl
Salz, Pfeffer
1 Prise Zucker

Garniervorschlag:
Sardellenfilets und Kapern.

GERÄTE

Pfanne
Schneidbrett
Schneebesen
Messer
Gabel oder Fleischgabel
Eßlöffel
Holzklopfer
3 tiefe Teller
Salatschüssel
Salatbesteck
Zitronenpresse

ZEIT

Vorbereitung:
ca. 15 Minuten.

Zubereitung:
ca. 30 Minuten.

KALORIEN/JOULE

pro Person

Wiener Schnitzel:
ca. 590 kcal/2480 kJ

Feldsalat:
ca. 140 kcal/590 kJ

VORBEREITUNG

Wiener Schnitzel:
1. Zitrone in Scheiben schneiden.
2. Mehl, Eier und Semmelbrösel jeweils in einen tiefen Teller geben. Eier verquirlen.

Feldsalat:
Zuerst den Salat zubereiten und dann die Schnitzel braten.

ZUBEREITUNG WIENER SCHNITZEL

1. Kalbsschnitzel sanft mit einem Holzklopfer flachklopfen.

2. Kochplatte auf mittlere Hitze schalten.

3. 2 EL Butter in eine Pfanne geben und schmelzen.

4. Schnitzel in Mehl wenden. Abschütteln.

5. Mit jeder Seite durch das verquirlte Ei ziehen.

6. In Semmelbröseln wenden. Brösel dabei leicht festklopfen.

7. Kochplatte auf geringe Hitze zurückschalten.

8. Je zwei Schnitzel vorsichtig in das mäßig heiße Fett legen.

9. Etwa 2 Minuten goldbraun braten.

10. Schnitzel wenden und weitere 2 Minuten von der anderen Seite braten.

11. Herausheben und auf Küchenpapier legen. Fett sorgfältig abtupfen.

12. Vor dem Servieren mit Zitronenscheiben belegen.

ZUBEREITUNG FELDSALAT

1. Für das Dressing zwei Zitronen auspressen. Den Saft, 5 EL Öl, Salz, Pfeffer und eine Prise Zucker mit dem Schneebesen verrühren.

2. 250 g Feldsalat verlesen, welke Blätter aussortieren und vorhandene Wurzeln abschneiden. Mehrmals gut in kaltem Wasser säubern, bis kein Sand mehr an den Blättern haftet.

3. Dressing erst kurz vor dem Servieren über den sehr sorgfältig abgetropften Salat gießen, sonst fallen die Blätter zusammen. Mit einem Salatbesteck gut mischen.

Bei Tisch

Das original Wiener Schnitzel wird nur mit Zitronenscheiben garniert serviert. Anchovis- und Sardellenfilets, Kapern, hartgekochte Eier oder Oliven sind alles Beilagen, die später erdacht wurden. Die schlimmste Sünde: Eine Sauce zum Wiener Schnitzel! In Österreich sind die Wiener Schnitzel übrigens so groß, daß sie einen Eßteller völlig bedecken. Und sie gelten als kulinarisch gelungen, wenn man zwischen Fleisch und Panade mühelos ein Messer schieben kann.

Wenn etwas übrigbleibt

AUFBEWAHREN

Schnitzel schmecken nur zart und saftig, wenn sie frisch gebraten gegessen werden. Das Fleisch wird rasch trocken und zäh, die Panade weich und pappig, wenn sie warm gehalten werden.

VARIATION CORDON BLEU

1. Kalbsschnitzel, wie auf der linken Seite beschrieben, flachklopfen.

2. Jedes Schnitzel mit einer Scheibe Hartkäse (z. B. Emmentaler) und Kochschinken belegen.
3. Schnitzel zusammenklappen.
4. Weitere Zubereitung, wie auf der linken Seite unter den Punkten 4–12 beschrieben.

Kotelett mit Erbsen-Möhren-Gemüse und Salzkartoffeln

EINKAUF

4 Koteletts

Entweder einfache Schweinekoteletts oder Nackenkoteletts: Fleischige, mit Fett durchzogene (marmorierte) und daher sehr saftige Stücke. Fein und teurer: Kalbskotelett.

Möhren (300 g)
Tiefgefrorene Erbsen (300 g)

Alternative: Frische Schotenerbsen. Dabei muß allerdings der Schotenabfall einkalkuliert werden. Einkaufsmenge: 750 g. Die Garzeit verlängert sich je nach Alter der Erbsen um etwa 20–30 Minuten.

Kartoffeln (750 g)
2 Eier

ZUTATEN

Erbsen-Möhren-Gemüse

1 EL Butter oder Margarine (ca. 20 g)
300 g Möhren
300 g tiefgefrorene Erbsen
⅛ l Wasser
½ TL Zucker
Salz

Kotelett

2 EL Mehl (ca. 20 g)
2 Eier
4 Koteletts à ca. 200 g
Salz, Pfeffer
2 EL Butter oder Margarine (ca. 40 g)

Salzkartoffeln

750 g Kartoffeln
Salz

GERÄTE

2 Kochtöpfe
Pfanne
Litermaß
Schneidbrett
Messer
Sparschäler
Gabel oder Fleischgabel
Eßlöffel
Teelöffel
2 tiefe Teller

ZEIT

Vorbereitung:
ca. 30 Minuten.

Zubereitung:
ca. 40 Minuten.
Salzkartoffeln im Schnellkochtopf: ca. 8–10 Minuten.

KALORIEN/JOULE

pro Person

Kotelett:
ca. 630 kcal/2650 kJ

Erbsen-Möhren-Gemüse:
ca. 110 kcal/460 kJ

Salzkartoffeln:
ca. 130 kcal/550 kJ

VORBEREITUNG

Erbsen-Möhren-Gemüse:
1. Möhren schälen und in dünne Scheiben schneiden. Tip: Gleichmäßig dünn werden die Scheiben mit einem Gemüsehobel.
2. Erbsen aus der Packung in ein Gefäß schütten, kurz antauen lassen. Frische Erbsen auspalen.

Kotelett:
1. Koteletts mit Küchenpapier trockentupfen.
2. Eier miteinander verquirlen und auf einen Teller gießen.
3. Mehl auf einen Teller schütten.

Salzkartoffeln:
Kartoffeln schälen, waschen und mit kaltem Wasser bedecken, damit sie nicht grau werden. Mit der Zubereitung etwa 30 Minuten vor dem Essen beginnen. Also zuerst die Kartoffeln, dann das Gemüse und zum Schluß die Koteletts zubereiten.

ZUBEREITUNG ERBSEN-MÖHREN-GEMÜSE (1—6)
ZUBEREITUNG KOTELETT (7—12)

1. Kochplatte auf mittlere Hitze schalten. 1 EL Fett schmelzen.

2. Möhrenscheiben im mäßig heißen Fett andünsten.

3. Erbsen dazuschütten.

4. ⅛ l Wasser aufgießen, mit Salz, Pfeffer und ½ TL Zucker würzen.

5. Aufkochen und einen Deckel aufsetzen.

6. Bei geringer Hitze etwa 10 Minuten garen.

7. Koteletts in Mehl wenden. Kochplatte auf mittlere Hitze schalten.

8. 1 EL Fett in einer Pfanne schmelzen. Koteletts in Ei wenden.

9. Kochplatte auf geringe Hitze herunterschalten.

10. 2 Koteletts in das mäßig heiße Fett legen.

11. In etwa 5 Minuten goldbraun braten.

12. Koteletts wenden und weitere 5 Minuten braten. Warm stellen.

ZUBEREITUNG SALZKARTOFFELN

1. Geschälte, gewaschene Kartoffeln in einen Topf geben und mit kaltem Wasser bedecken (bei einem gut schließenden Topf ohne Dampföffnung genügt ½ l Wasser).

2. Leicht salzen und zugedeckt bei starker Hitze zum Kochen bringen. Kochplatte auf geringe Hitze herunterschalten. Kartoffeln ca. 20 Minuten garen. Garprobe machen.

3. Wasser abgießen, dazu den Topfdeckel leicht versetzt auf dem Topf lassen. Griffe und Topfdeckel mit Hilfe von Topflappen gleichzeitig festhalten.

Bei Tisch

Eines der traditionellen Sonntagsessen der deutschen Küche. Kotelett kann auch wie Wiener Schnitzel mit Semmelbröseln paniert werden.
Feinschmecker-Tip: Das Erbsen-Möhren-Gemüse kann man mit Spargelstücken zum „Leipziger Allerlei" machen. Das klassische Getränk dazu: Bier.
Gut zu wissen: Gebratenes Kotelett schmeckt auch kalt vorzüglich. Beispielsweise mit Senf und mit Kartoffelsalat.

Wenn etwas übrigbleibt

AUFBEWAHREN

Kühlschrank: Koteletts, Gemüse und Kartoffeln 1–2 Tage. Verwendungstip: Gemüse nur kurz in heißer Butter schwenken. Kartoffeln zu Bratkartoffeln weiterverarbeiten.

GESCHNETZELTES

1. Fleisch von zwei gebratenen Koteletts vom Knochen lösen und in Streifen schneiden.
2. Eine zerdrückte Knoblauchzehe mit je 3 EL Sherry und Sojasauce mischen, eine Prise Zucker zugeben. Salzen, pfeffern. Über das Fleisch gießen, durchziehen lassen.
3. Ein Bund geputzte Frühlingszwiebeln in Streifen schneiden. 250 g Sojabohnensprossen waschen. Auf einem Sieb abtropfen lassen.
4. 2 EL Öl in einer Pfanne erhitzen und die abgetropften Fleischstreifen darin anbraten. Unter Rühren das Gemüse und die Würzflüssigkeit dazugeben.
5. Bei geringer Hitze etwa 3 Minuten dünsten.

Filetsteak mit Folienkartoffel und provenzalischer Tomate

EINKAUF

4 Filetsteaks

Beste Wahl: Rinderfilet. Stumpfrotes Fleisch, gut abgehangen, kaufen. Frisches Fleisch, von leuchtend roter Farbe, schrumpft in der Pfanne zusammen.
Filet in vier gleich große, 3—4 cm dicke Stücke schneiden lassen.
Variante: Mit Fett marmoriertes Mastochsenfleisch (argentinische Steakqualität). Kerniger und preiswerter: Rumpsteaks oder Huftsteaks.

4 große Kartoffeln

Möglichst gleich große Kartoffeln aussuchen.

4 Tomaten

Beste Wahl: Feste Fleischtomaten.

Basilikum

Frisch als Bund oder im kleinen Topf.

1 Bund Petersilie

Ersatzweise: getrocknete Kräuter der Provence. Als Mischung aus unterschiedlichen, getrockneten Kräutern im Handel.

Knoblauch (1 Zehe)
Butter (100 g)
Semmelbrösel

ZUTATEN

Filetsteak

4 Filetsteaks à ca. 200 g
3 EL Öl
1 EL Butter (ca. 20 g)
Pfeffer, Salz

Folienkartoffeln

4 große Kartoffeln
à ca. 150 g
4 TL Butter (ca. 40 g)

Provenzalische Tomaten

4 Tomaten (ca. 400 g)
4 EL Semmelbrösel
1 Stiel Basilikum
1 Bund Petersilie
1 Knoblauchzehe
4 TL Butter (ca. 40 g)
Salz, Pfeffer

Garniervorschlag:
Petersilie und eingelegter grüner Pfeffer.

GERÄTE

schwere Pfanne (keine beschichtete Pfanne)
Schälchen
Schneidbrett
Messer
Bratenwender (Palette)
Eßlöffel
Teelöffel
Holzspießchen
Aluminiumfolie
evtl. Knoblauchpresse

ZEIT

Vorbereitung:
ca. 20 Minuten.

Zubereitung:
ca. 1¼ Stunden, davon ca. 1 Stunde reine Garzeit für die Folienkartoffeln.

KALORIEN/JOULE

pro Person

Filetsteak:
ca. 360 kcal/1510 kJ

Folienkartoffeln:
ca. 180 kcal/760 kJ

Provenzalische Tomaten:
ca. 130 kcal/550 kJ

VORBEREITUNG

Acht ausreichend große Stücke Aluminiumfolie zum Einwickeln der Steaks und Kartoffeln zurechtlegen.

Folienkartoffeln:
Kartoffeln gründlich unter fließendem kalten Wasser säubern.
Mit der Zubereitung ca. 1 Stunde vor dem Essen beginnen.

Provenzalische Tomaten:
1. Tomaten gut waschen.
2. Basilikumblätter vom Stiel zupfen. Erst kurz vor der Zubereitung fein schneiden. Dann auch die Petersilie hacken, sonst werden die Kräuter zu trocken.
3. Knoblauchzehe fein würfeln oder zerdrücken. Mit der Zubereitung etwa 20 Minuten vor dem Essen beginnen. Dann die Steaks braten.

ZUBEREITUNG FILETSTEAK

1. Steaks mit Küchenpapier trockentupfen und pfeffern.

2. Kochplatte auf starke Hitze schalten. 3 EL Öl in der Pfanne erhitzen.

3. Steaks in das rauchend heiße Öl hineinlegen.

4. Etwa eine Minute kräftig anbraten.

5. Steaks wenden.

6. Auf der anderen Seite ebenfalls eine Minute kräftig anbraten.

7. Kochplatte auf geringe Hitze herunterschalten.

8. 1 EL Butter in der Pfanne zerlassen, Steaks damit beträufeln.

9. Insgesamt 5 — von jeder Seite 2½ — Minuten weiterbraten.

10. Steaks aus der Pfanne heben und in Aluminiumfolie wickeln.

11. Etwa 2 Minuten in der Folie ruhen lassen.

12. Aus der Folie nehmen. Jede Seite eine halbe Minute nachbraten. Salzen.

ZUBEREITUNG FOLIENKARTOFFELN

1. Gewaschene Kartoffeln rundherum mit einem Holzspießchen einstechen. Einzeln in Aluminiumfolie einwickeln.

2. Auf einem Bratrost im Backofen bei 250 Grad je nach Größe etwa eine Stunde garen. Kartoffeln herausnehmen und vorsichtig die Folie öffnen.

3. Kartoffeln oben kreuzweise einschneiden und nach unten etwas zusammendrücken. Je 1 TL Butter in die Mitte geben.

ZUBEREITUNG PROVENZALISCHE TOMATEN

1. Gewaschene Tomaten oben kreuzweise ca. 3 cm tief einschneiden. Etwas auseinanderdrücken und auf ein leicht eingefettetes Backblech setzen.

2. Semmelbrösel mit weicher Butter, den Kräutern und dem Knoblauch vermischen. Salzen, pfeffern. Mischung über die Tomaten verteilen.

3. Für etwa 10 Minuten zu den Folienkartoffeln in den Backofen schieben. Oder im vorgeheizten Backofen bei 225 Grad ca. 15 Minuten backen.

BEILAGENVORSCHLAG KRÄUTERBUTTER

1. Je ein Bund Petersilie und Schnittlauch feinhacken.

2. 100 g weiche Butter mit Zitronensaft, Salz, Pfeffer und Cayennepfeffer würzen.

3. Mit ein bis zwei zerdrückten Knoblauchzehen und den Kräutern mischen.

Bei Tisch

Steaks sind ein schnell zubereitetes, wenngleich nicht ganz billiges Hauptgericht. Meist wird ein Steak medium — mit brauner Kruste außen und rosa Fleisch innen — gewünscht (unser Rezept). Die Dicke eines Steaks verändert die Garzeit! Faustregel: pro Zentimeter Fleischdicke eine Minute mehr oder weniger braten. Feinschmecker-Tip: Bratensatz mit etwas Weinbrand oder Cognac ablöschen und vor dem Servieren über das Steak gießen. Als leichte Mahlzeit kann das Steak auch auf geröstetem Toastbrot mit Kräuterbutter serviert werden.

Wenn etwas übrigbleibt

Das kurzgebratene Fleisch sollte nicht aufbewahrt werden. Denn zart und saftig schmeckt es nur frisch gebraten. Die provenzalischen Tomaten kann man kalt servieren. (Wenn sie wieder erhitzt werden, können sie auseinanderfallen.) Folienkartoffeln können im Kühlschrank 1—2 Tage aufbewahrt werden. Nach Möglichkeit vorher (noch heiß) pellen. Verwendungstip: Zu Bratkartoffeln weiterverarbeiten.

Zürcher Geschnetzeltes mit Rösti und Endiviensalat

EINKAUF

Kalbsschnitzel (600 g)
Beste Wahl: Aus der Oberschale — zartes, feinfaseriges Fleisch. Vom Metzger in 1 cm dünne Scheiben schneiden lassen. Preiswerte Variante: Schweineschnitzel.

Kartoffeln (750 g)
1 Zwiebel
1 Bund Petersilie
1 Endivie
Ganzjährig erhältlich. Verschiedene Sorten je nach Saison. Kräftiger, würziger und angenehm bitterer Geschmack. Billige Alternative: Kopfsalat.

Schweineschmalz
Weiß, glänzend, streichfähig und wie Öl hocherhitzbar. Appetitlicher Geruch, kerniger Geschmack. Ideal für die klassische Rösti-Zubereitung. Alternative: Pflanzenöl.

Süße Sahne (¼ l)
Weißwein (⅛ l)
Essig
Kräuter- oder Weinessig.

ZUTATEN

Zürcher Geschnetzeltes

600 g Kalbsschnitzel
1 EL Öl
1 EL Butter oder Margarine (ca. 20 g)
1 Zwiebel (ca. 50 g)
⅛ l Weißwein
¼ l süße Sahne
1 Bund Petersilie
Salz, Pfeffer

Rösti

750 g Kartoffeln
1 EL Schweineschmalz (ca. 20 g)
Salz, Pfeffer

Endiviensalat

1 Endivie (ca. 500 g)
3 EL Essig
6 EL Öl
Salz, Pfeffer
1 Prise Zucker

GERÄTE

Pfanne
Litermaß
Rührschüssel
Schneidbrett
Sieb
Kochlöffel
Schneebesen
Messer
Bratenwender (Palette)
Eßlöffel
Grobe Raspel
Salatschüssel
Salatbesteck
Teller

ZEIT

Vorbereitung:
ca. 20 Minuten.

Zubereitung:
ca. 45 Minuten.

KALORIEN/JOULE

pro Person
Zürcher Geschnetzeltes:
ca. 430 kcal/1810 kJ
Rösti:
ca. 180 kcal/760 kJ
Endiviensalat:
ca. 160 kcal/670 kJ

VORBEREITUNG

Zürcher Geschnetzeltes:
1. Zwiebel würfeln.
2. Petersilie erst kurz vor dem Essen hacken, sonst wird sie trocken.
Tip: Das Fleisch läßt sich besser in Streifen schneiden (Zubereitung Phasenfoto 1 nächste Seite), wenn es für etwa 15 Minuten in das Gefriergerät gelegt wird und leicht angefroren ist.

Rösti:
Kartoffeln schälen, waschen und mit kaltem Wasser bedecken, damit sie nicht grau werden. Mit der Zubereitung etwa 25 Minuten vor dem Essen beginnen.

Endiviensalat:
Mit der Zubereitung etwa 15 Minuten vor dem Essen beginnen.
Tip: Zuerst die Rösti (dafür wird auch die Pfanne benötigt) zubereiten und im Backofen warm stellen. Dann das Geschnetzelte und den Salat zubereiten.

ZUBEREITUNG ZÜRCHER GESCHNETZELTES

1. Fleischscheiben in schmale Streifen schneiden.

2. Kochplatte auf starke Hitze schalten.

3. Öl in einer großen Pfanne erhitzen.

4. Fleischstreifen unter Wenden etwa 1 Minute kräftig anbraten.

5. Aus der Pfanne auf einen Teller gleiten lassen.

6. Kochplatte auf mittlere Hitze herunterschalten.

7. 1 EL Butter im Bratfett schmelzen, Zwiebelwürfel zugeben und andünsten.

8. 1 EL Mehl einstreuen. Mit einem Schneebesen unterrühren.

9. Unter Rühren goldgelb anschwitzen, ⅛ l Weißwein aufgießen.

10. Sahne dazugießen. Unter Rühren alles aufkochen.

11. Fleischstreifen in die Sauce schütten und darin erhitzen.

12. Gehackte Petersilie einstreuen, salzen und pfeffern.

ZUBEREITUNG RÖSTI

1. Geschälte Kartoffeln grob raspeln. In einem Sieb abtropfen lassen.

2. 1 EL Schweineschmalz bei mittlerer Hitze in einer Pfanne schmelzen.

3. Abgetropfte Kartoffelraspel ins rauchend heiße Schmalz schütten.

4. Etwas zusammendrücken und knusprig braun braten. Salzen und pfeffern.

5. Wenden: Deckel auflegen, Pfanne und Deckel fest gegeneinanderdrücken. Pfanne stürzen.

6. Rösti vom Deckel in die Pfanne zurückgleiten lassen. Andere Seite braun braten.

ZUBEREITUNG ENDIVIENSALAT

1. Geputzte Endivie in kaltem Wasser waschen. In einem Sieb gründlich abtropfen lassen.

2. Salatblätter in mundgerechte Bissen zupfen oder in dünne Streifen schneiden.

3. 3 EL Essig mit 6 EL Öl, Salz, Pfeffer und einer Prise Zucker verrühren. Über den Salat gießen.

Bei Tisch

Zürcher Geschnetzeltes wie auch die Rösti (sprich: Röschti) sind Spezialitäten aus der Schweiz. Die Rösti können, wie oben beschrieben, als große Portion zubereitet und vor dem Servieren zerteilt werden. Andere Möglichkeit: In einer kleinen Pfanne portionsweise braten.

Wenn etwas übrigbleibt

Kühlschrank: Geschnetzeltes 1 Tag, Rösti möglichst nicht aufbewahren. Zürcher Geschnetzeltes eignet sich nicht zum Einfrieren. Das Gericht ist schneller frisch zubereitet als aufgetaut.

Gyros mit Krautsalat und Tzatziki

EINKAUF

Schweinefleisch (750 g)
Beste Wahl für dieses Gericht: ein fleischiges, mit Fett durchwachsenes Stück (vom Knochen gelöst). Vom Metzger in fingerdicke Scheiben schneiden lassen.

Knoblauch (6 Zehen)
1 kleine Salatgurke
1 Bund Dill
1 kleiner Kopf Weißkohl
Öl (¼ l)
Geschmacksneutral: Speiseöl. Beste Wahl: Hocharomatisches, kaltgepreßtes Olivenöl.

Sahnequark (250 g)
Hat mindestens 40 % Fettgehalt. Für Kalorienzähler: Magerquark.

1 Becher Sahnejoghurt
Alternative: Vollmilch-, Magermilch- oder fettarmer Joghurt.

Thymian (getrocknet)
Angenehm zart-bitteres Küchenkraut aus Südeuropa.

Oregano (getrocknet)
Wildwachsender Majoran. Sehr würziges Küchenkraut der Mittelmeerländer.

ZUTATEN

Gyros

750 g Schweinefleisch
⅛ l Öl
1 EL Thymian (getrocknet)
1 EL Oregano (getrocknet)
3 Knoblauchzehen
Salz, Pfeffer

Krautsalat

1 kg Weißkohl
4 – 6 EL Essig
⅛ l Öl
Salz, Pfeffer

Tzatziki

250 g Salatgurke
3 Knoblauchzehen
250 g Sahnequark
150 g Sahnejoghurt
1 Bund Dill
1 EL Essig
Salz, Pfeffer

GERÄTE

großer Kochtopf
Pfanne
Litermaß
3 Rührschüsseln
2 Schälchen
Schneidbrett
Sieb
Kochlöffel
Schneebesen
Messer
Eßlöffel
grobe Raspel
evtl. Knoblauchpresse

ZEIT

Vorbereitung:
ca. 30 Minuten.

Zubereitung:
ca. 4 ¾ Stunden, davon 4 Stunden reine Marinierzeit.

KALORIEN/JOULE
pro Person

Gyros:
ca. 760 kcal/3190 kJ

Krautsalat:
ca. 340 kcal/1430 kJ

Tzatziki:
ca. 160 kcal/670 kJ

VORBEREITUNG

Gyros:
1. Knoblauchzehen fein würfeln oder zerdrücken.
2. Schweinefleisch in Streifen schneiden.
Tip: Das Fleisch kann auch schon am Vortag mariniert werden (Zubereitung siehe nächste Seite). Zugedeckt über Nacht im Kühlschrank durchziehen lassen, dann wird es besonders zart und würzig.

Krautsalat:
Weißkohl putzen: Äußere Blätter entfernen. Halbieren, vierteln und den harten Strunk keilförmig herausschneiden. Kohl in Streifen schneiden. Krautsalat sollte etwa 3 – 4 Stunden durchziehen. Kann auch am Vortag zubereitet werden.

Tzatziki:
(Gurken-Knoblauch-Quark mit Joghurt) Knoblauchzehen fein würfeln oder zerdrücken. Das Tzatziki ist schnell zubereitet. Kann ebenfalls am Vortag hergestellt werden.

ZUBEREITUNG GYROS (1–6)
ZUBEREITUNG KRAUTSALAT (7–12)

1. Öl, Thymian, Oregano und Knoblauch miteinander verrühren.

2. Über das in Streifen geschnittene Fleisch gießen.

3. Abgedeckt etwa 4 Stunden durchziehen lassen (marinieren).

4. In ein Sieb zum Abtropfen schütten.

5. Kochplatte auf starke Hitze schalten. 1 EL Öl erhitzen.

6. Abgetropftes Fleisch unter Wenden ca. 4 Minuten kräftig braten.

7. Essig in ein Schälchen gießen.

8. Öl dazugießen.

9. Salzen, pfeffern. Mit einem Schneebesen zu einer Marinade binden.

10. Weißkohlstreifen in reichlich kochendes Wasser schütten.

11. 2 Minuten kochen (blanchieren). In ein Sieb schütten, kalt abbrausen.

12. Gut abgetropft mit der kräftig durchgerührten Marinade vermischen.

ZUBEREITUNG TZATZIKI

1. 250 g Salatgurke mit kaltem Wasser gründlich abwaschen. Grob in eine Rührschüssel hineinraspeln. Wasser etwas herausdrücken und in eine Tasse gießen.

2. 250 g Sahnequark und 150 g Sahnejoghurt sowie den Knoblauch unterrühren. Salzen, pfeffern und mit 1 EL Essig pikant säuern.

3. Mit dem Gurkenwasser evtl. etwas flüssiger rühren. Ein Bund Dill fein schneiden und kurz vor dem Servieren unter die übrigen Zutaten mischen.

Bei Tisch

Gyros (sprich: Giroß) ist eine Spezialität der griechischen Küche. Es wird traditionell auf einem großen Spieß zubereitet, der senkrecht vor einem Grill steht. Die hauchdünnen Fleischscheiben werden über Nacht würzig mariniert und dann auf den Spieß gesteckt. Mit einem scharfen Messer schneidet man die gegrillten Fleischscheiben von oben nach unten schichtweise dünn ab (Streifen). Für Zuhause geht's aber auch in einer Pfanne (unser Rezept). Wer sich ein wenig in der griechischen Küche auskennt, weiß, daß Krautsalat und Tzatziki zu Gyros gehören. Tip: Vor dem Servieren grob gehackte Zwiebeln über den Salat streuen. Tzatziki (Gurken-Knoblauch-Quark mit Joghurt) kann übrigens auch eine Vorspeise sein. Man reicht es dann mit schwarzen Oliven an und serviert Baguette dazu.

Wenn etwas übrigbleibt

AUFBEWAHREN

Kühlschrank: Gyros mariniert und ungebraten ca. 3—4 Tage, gebraten 1 Tag (wird trocken).
Krautsalat: ca. 5—6 Tage.
Tzatziki: 2 Tage.
Gefriergerät: Fleisch mariniert und ungebraten ca. 2—3 Monate.
Zugedeckt über Nacht im Kühlschrank auftauen lassen.

WEISSKOHLEINTOPF

1. Etwa 1 kg geschnittenen Weißkohl mit 1 l Instantbrühe zum Kochen bringen.

2. Drei in Scheiben geschnittene Zwiebeln und 300 g geschälte, gewürfelte Kartoffeln dazugeben. Restliches Gyros untermischen.
3. Bei geringer Hitze ca. 35—40 Minuten köcheln lassen. Mit Thymian, Salz und Pfeffer würzen.

Schweinefleisch süß-sauer mit Reis

EINKAUF

Schweinefleisch (300 g)
Beste Wahl für dieses Gericht: Schweinenacken ohne Knochen.

2 Möhren
2 Paprikaschoten
Sojasprossen (ca. 100 g)
Keimlinge der eiweißreichen Sojabohne. Leicht verderblich: Sofort aus der Verpackung nehmen und verarbeiten.

3 Frühlingszwiebeln
Knoblauch (1 Zehe)
1 Dose Bambussprossen (440 g Einwaage)
Auch als Bambusschößlinge im Handel. Ostasiatisches Gemüse mit spargelähnlichem Geschmack.

1 Dose Ananasstücke (ca. 440 g Einwaage)
Öl (¾ l)
Tomatenmark (ca. 20 g)
2 große Eier
Sojasauce
Dunkelbraune, hocharomatische ostasiatische Würzsauce.

Grob gemahlener schwarzer Pfeffer
Paprikapulver (Edelsüß)
Langkornreis (200 g)

ZUTATEN

Schweinefleisch

300 g Schweinefleisch
1 EL grob gemahlener schwarzer Pfeffer
2 große Eier
80 g Mehl
8 EL Sojasauce
1 EL Edelsüßpaprika
¾ l Öl
1 EL Tomatenmark
1 Dose Ananasstücke (ca. 440 g Einwaage)
1 EL Zucker
2 TL Speisestärke
ca. 2 EL Essig
1 Knoblauchzehe
1 Dose Bambussprossen (ca. 440 g Einwaage)
2 Möhren (ca. 200 g)
2 Paprikaschoten (ca. 400 g)
100 g Sojasprossen
3 Frühlingszwiebeln
Salz, Pfeffer

Reis

200 g Langkornreis
½ l Wasser
1 EL Butter (ca. 20 g)
Salz

GERÄTE

3 Kochtöpfe
große, tiefe Pfanne
Litermaß
Rührschüssel
6 Schälchen
Schneidbrett
Sieb
Kochlöffel
Schneebesen
Messer
Gabel oder Fleischgabel
Eßlöffel
Teelöffel

ZEIT

Vorbereitung:
ca. 1 Stunde.

Zubereitung:
ca. 1 ¼ Stunden, davon ca. 45 Minuten reine Garzeit (Fleisch).
Schnellkochtopf:
ca. 15 Minuten.

KALORIEN/JOULE

pro Person

Schweinefleisch süß-sauer:
ca. 660 kcal/2770 kJ
Reis:
ca. 220 kcal/920 kJ

VORBEREITUNG

Schweinefleisch:
1. Knoblauchzehe fein würfeln oder zerdrücken.
2. Ananasstücke in ein Sieb schütten, abtropfen lassen (Saft auffangen).
3. Ananassaft mit Wasser zu ⅜ l auffüllen.
4. Bambussprossen in ein Sieb schütten. Abgetropft in feine Streifen schneiden. Geschälte Möhren ebenfalls in feine Streifen schneiden.
5. Paprikaschoten halbieren, entkernen und in Streifen schneiden.
6. Sojasprossen in kaltem Wasser waschen, abgetropft mit Küchenpapier trockentupfen.
7. Geputzte, gewaschene Frühlingszwiebeln in feine Streifen schneiden.

Reis:
Mit der Zubereitung etwa 30 Minuten vor dem Essen beginnen.

ZUBEREITUNG SCHWEINEFLEISCH SÜSS-SAUER

1. Kochplatte auf mittlere Hitze schalten. Etwa 1 l Wasser aufkochen.

2. Fleisch, Pfeffer und etwas Salz ins kochende Wasser geben.

3. Zugedeckt bei geringer Hitze ca. 45 Minuten köcheln lassen.

4. Eier und Mehl zu einem zähflüssigen Teig rühren.

5. 4 EL Sojasauce zugießen, Edelsüßpaprika und Salz unterrühren.

6. Kochplatte auf starke Hitze schalten. Öl in einer Pfanne erhitzen.

7. Gekochtes, abgetropftes Fleisch in mundgerechte Bissen schneiden.

8. Fleischstücke in den vorbereiteten Teig tauchen.

9. Im heißen Öl (ca. 180 Grad) bei mittlerer Hitze goldbraun ausbacken.

10. Ananassaft, 4 EL Sojasauce, Tomatenmark und Speisestärke verrühren.

11. Mit einem Schuß Essig und dem Knoblauch würzen. Aufkochen.

12. Gemüse nacheinander in die Sauce geben und 5 Minuten garen.

ZUBEREITUNG REIS

1. Reis und Wasser abmessen (1 Tasse Reis = 2 Tassen Wasser).

2. Reis in kaltem Wasser einige Minuten einweichen.

3. Leicht salzen. Im offenen Topf ca. 2 Minuten aufkochen.

4. Deckel aufsetzen. Auf der ausgeschalteten Kochplatte stehenlassen.

5. 10–15 Minuten ausquellen lassen (Reis muß Wasser völlig aufnehmen).

6. Zum Auflockern umrühren. Mit 1 EL Butter verfeinern.

Bei Tisch

Dieses beliebte ostasiatische Gericht kann stilecht wie auf dem großen Foto serviert werden. Um Reis mit Stäbchen zu essen, ist ein gewisses Maß an Geschicklichkeit erforderlich. Ein Stäbchen in die Mulde zwischen Daumen und Zeigefinger legen und im unteren Drittel zwischen den Fingerspitzen von Ring- und kleinem Finger einklemmen. Beim Essen starr in dieser Position halten. Das zweite Stäbchen darüber mit Daumen, Zeige- und Mittelfinger halten und beim Essen bewegen. Serviertip: Etwas Sambal Oelek (sehr scharfe, indonesische Würzpaste) für das Fleisch auf den Tisch stellen.

Wenn etwas übrigbleibt

Fleisch nicht aufbewahren: Die knusprige Teigkruste wird rasch weich. Kühlschrank: Gemüsesauce ohne Fleisch 2–3 Tage, Reis ebenfalls. Gefriergerät: Gemüsesauce ohne Fleisch ca. 2–3 Monate. Reis auch. Tip: Sauce unaufgetaut mit etwas Wasser (damit nichts anbrennt) in einen Topf geben und langsam erhitzen. Reis in kochendem Wasser erhitzen.

Serbisches Reisfleisch

EINKAUF

Schweinefleisch (500 g)
Ein Stück Schweinenakken ohne Knochen.

3 Zwiebeln
Knoblauch (1 Zehe)
2 Paprikaschoten
Die Farbe der Paprikaschoten spielt bei diesem Gericht keine Rolle.

1 frische Chilischote
Eine kleine, besonders scharfe Paprikasorte. Ersatzweise: Getrocknete Chilischote oder eine winzige Prise Cayennepfeffer.

3 Tomaten
Tomatenmark (40 g)
Langkornreis (150 g)
Thymian (getrocknet)
Hocharomatisches, zartbitteres Küchenkraut aus Südeuropa. Gibt's frisch als Bund und in kleinen Töpfen oder getrocknet.

Paprikapulver
Brühwürfel
(für ½ l Wasser)
Leichter zu dosieren ist gekörnte Brühe (Instant).

ZUTATEN

500 g Schweinefleisch
4 EL Öl
3 Zwiebeln (ca. 150 g)
1 Knoblauchzehe
40 g Tomatenmark
¾ l Wasser
1 Brühwürfel
(für ½ l Wasser)
2 TL getrockneter Thymian
1 EL Paprikapulver
150 g Langkornreis
2 Paprikaschoten (ca. 300 g)
1 frische Chilischote
3 Tomaten (ca. 250 g)
Salz, Pfeffer

Garniervorschlag:
Frischer Thymian

GERÄTE

Kochtopf
Litermaß
kleines Schälchen
Schneidbrett
Kochlöffel
Messer
Eßlöffel
Teelöffel

ZEIT

Vorbereitung:
ca. 40 Minuten.
Zubereitung:
ca. 1 Stunde 30 Minuten, davon ca. 1 Stunde reine Garzeit.
Schnellkochtopf:
ca. 20 Minuten.

KALORIEN/JOULE
pro Person
ca. 680 kcal/2860 kJ

VORBEREITUNG

1. Fleisch in mundgerechte Stücke schneiden.
2. Zwiebeln und Knoblauchzehe würfeln.
3. Paprikaschoten längs halbieren, entkernen und in Streifen schneiden.
4. Chilischote längs halbieren, entkernen und kleinschneiden.
5. Tomaten abziehen, halbieren und entkernen.

ZUBEREITUNG SERBISCHES REISFLEISCH

1. Kochplatte auf starke Hitze schalten.

2. Öl erhitzen und das Fleisch darin kräftig anbraten.

3. Ausgebratenes Fett abgießen.

4. Weiterbraten bis sich auf dem Topfboden Bratensatz bildet.

5. Zwiebel- und Knoblauchwürfel zugeben, kurz mitbräunen.

6. Mit ¾ l Wasser Bratensatz ablösen, Brühwürfel zugeben.

7. Thymian, Paprika und Tomatenmark unterrühren.

8. Gemüse zugeben. Salzen und pfeffern.

9. Aufkochen und den Reis einstreuen.

10. Kochplatte auf geringe Hitze herunterschalten.

11. Im offenen Topf ca. 1 Stunde köcheln lassen. Evtl. Wasser nachgießen.

12. Das Serbische Reisfleisch darf nicht zu trocken serviert werden.

ZUBEREITUNG ROSENKOHL

1. Für frischen Rosenkohl die Kochplatte auf starke Hitze schalten. Tiefgefrorenen Rosenkohl nach Anweisung auf der Packung zubereiten.

2. Wasser in einem großen Topf zum Kochen bringen. Rosenkohl hineingeben und ca. 7–10 Minuten sprudelnd kochen lassen. In ein Sieb zum Abtropfen schütten.

3. 2 EL Butter schmelzen und den abgetropften Rosenkohl darin schwenken. Leicht salzen, pfeffern und mit einer Prise Muskat würzen.

ZUBEREITUNG SALZKARTOFFELN

1. Kartoffeln in einen Topf geben und mit kaltem Wasser bedecken.

2. Leicht salzen. Zugedeckt bei starker Hitze aufkochen. Bei geringer Hitze ca. 20 Minuten garen. Garprobe machen.

3. Kochwasser abgießen. Vorsicht heiß: Topflappen verwenden.

Bei Tisch

Schweinebraten ist eines der beliebtesten Sonntagsessen in Deutschland. Wichtig vor dem Servieren: Den Braten aufschneiden. Und zwar immer quer zur Fleischfaser, sonst zerfallen die Scheiben. Feinschmecker-Tip: Bratensauce mit einem Schuß Weinbrand oder Cognac verfeinern. Beliebte Beilagen zum Schweinebraten in Süddeutschland: Kartoffel- oder Semmelknödel und Rotkohl. Das passende Getränk: Bier.

Wenn etwas übrigbleibt

AUFBEWAHREN

Kühlschrank: Schweinebraten 2–3 Tage. Verwendungs-Tip: In dünne Scheiben geschnitten auf Vollkornbrotscheiben. Salzkartoffeln 1–2 Tage. Verwendungs-Tip: Zu Bratkartoffeln weiterverarbeiten.

Gegarten Rosenkohl am besten nicht aufbewahren. Er wird unansehnlich und fällt beim Erhitzen leicht auseinander. Gefriergerät: Schweinebraten 2–3 Monate. Tip: In Aluminiumfolie gewickelt im Backofen bei ca. 175 Grad auftauen und erhitzen.

ÜBERBACKEN

1. Restlichen Schweinebraten in Scheiben schneiden und in eine gefettete feuerfeste Auflaufform schichten. Sauce darübergießen.

2. 6 EL Semmelbrösel mit etwas Salz und einem Bund gehackter Petersilie mischen. Darüberstreuen.

3. Kleine Butterflöckchen darauf verteilen.

4. Im vorgeheizten Backofen bei 225 Grad ca. 15 Minuten überbacken.

Ochsenschwanzsuppe

EINKAUF

Ochsenschwanz (1 kg)

Der Ochsenschwanz hat zwar einen verhältnismäßig hohen Knochen- und Knorpelanteil, ist aber preiswert und delikat im Geschmack. Beste Wahl: Ein möglichst fleischiger Ochsenschwanz. Vom Metzger in Stücke zerteilen lassen.

1 Stange Lauch
1 Möhre
½ Sellerieknolle

Anstelle von Lauch, Möhre und Sellerieknolle: Ein Bund Suppengrün.

Lorbeerblatt (1)
Basilikum (getrocknet)
Thymian (getrocknet)

Hocharomatisches, zartbitteres Küchenkraut aus Südeuropa.

Gewürznelke

Stark duftendes, feurigwürziges Gewürz aus den Tropen (Knospen des Gewürznelkenbaumes). Gibt's nur getrocknet. Sparsam verwenden!

ZUTATEN

1 kg Ochsenschwanz
1 Stange Lauch (ca. 250 g)
1 Möhre (ca. 100 g)
½ Sellerieknolle (ca. 500 g)
2 EL Öl
1 Lorbeerblatt
½ TL getrocknetes Basilikum
½ TL getrockneter Thymian
1 Gewürznelke
2 l Wasser
Salz, Pfeffer

GERÄTE

2 Kochtöpfe
Litermaß
Schneidbrett
Sieb
Kochlöffel
Messer
Sparschäler
Gabel oder Fleischgabel
Eßlöffel
Teelöffel
Schaumkelle

ZEIT

Vorbereitung:
ca. 30 Minuten.

Zubereitung:
ca. 4 Stunden 20 Minuten, davon 4 Stunden reine Garzeit.

Schnellkochtopf:
ca. 1 Stunde 20 Minuten.

KALORIEN/JOULE

pro Person
ca. 380 kcal/1600 kJ

VORBEREITUNG

1. Lauch putzen und waschen. Abgetropft in grobe Stücke schneiden.
2. Geschälte Möhren ebenfalls in Stücke oder Scheiben schneiden, Sellerie würfeln.

Tip: Getrocknete Kräuter in ein kleines Säckchen oder Tuch binden, damit die Suppe klar bleibt.

ZUBEREITUNG OCHSENSCHWANZSUPPE

1. Kochplatte auf starke Hitze schalten. 1 EL Öl in einem Topf erhitzen.

2. Ochsenschwanzstücke vorsichtig nebeneinander hineinlegen.

3. Fleischstücke ca. 10 Minuten von allen Seiten kräftig anbraten.

4. Bratensatz auf dem Topfboden darf nicht schwarz werden.

5. Kochplatte auf mittlere Hitze zurückschalten.

6. Lauch-, Möhren- und Selleriestücke zum Fleisch geben.

7. Gemüse ca. 10 Minuten mitbraten. Gewürze einstreuen.

8. Nach und nach 2 l Wasser aufgießen. Bratensatz abschaben.

9. Aufkochen, dabei den Schaum abschöpfen.

10. Im offenen Topf ca. 4 Stunden bei geringer Hitze köcheln lassen.

11. Suppe in einen anderen Topf seihen.

12. Fleisch von den Knochen lösen, würfeln und in der Suppe erhitzen.

BEILAGENVORSCHLAG BLÄTTERTEIGSTANGEN

1. Zwei tiefgefrorene Blätterteigplatten (für ca. 8–10 Blätterteigstangen) nebeneinander auftauen lassen. Auf einer mit Mehl bestäubten Arbeitsfläche etwa zur 1½fachen Länge ausrollen.

2. Mit verquirltem Eigelb bestreichen und geriebenen Käse oder Kümmel daraufstreuen. Teigscheiben in ca. 2 cm breite Streifen schneiden.

3. Teigstreifen zu Spiralen drehen und auf ein mit Wasser befeuchtetes Backblech legen. Im vorgeheizten Backofen bei 200 Grad ca. 15 Minuten backen. Zur Ochsenschwanzsuppe servieren.

Bei Tisch

Ochsenschwanzsuppe ist nicht nur eine der klassischen Vorspeisen der feinen Menüs, sie kann auch als sättigendes Hauptgericht serviert werden. Gourmets veredeln die Suppe noch mit einem Schuß trockenen Sherrys. Als kleine Knabberei zarte Blätterteigstangen zur Suppe servieren.

Wenn etwas übrigbleibt

AUFBEWAHREN

Kühlschrank: 2 Tage.
Gefriergerät:
2–3 Monate. Tip: Gefroren in einen Topf geben und langsam erhitzen.

OCHSENSCHWANZ-SUPPE „LADY CURZON"

1. Restliche Ochsenschwanzsuppe erhitzen.
2. Steifgeschlagene Sahne (ca. ⅛ l) mit einem Eigelb, Curry und einer Prise Salz vermischen.
3. Heiße Ochsenschwanzsuppe in vorgewärmte, kleine, feuerfeste Tassen füllen.
4. Jeweils 1 EL Currysahne daraufgeben. Kurz unter einem Grill oder bei stärkster Oberhitze im Backofen überbacken.

GEMÜSESUPPE

1. Ochsenschwanzsuppe mit Wasser oder Brühe zu einem Liter auffüllen und erhitzen.
2. Zwei Stangen Lauch, 250 g Staudensellerie und drei Möhren (geputzt und gewaschen) in dünne Scheiben schneiden.
3. Möhrenscheiben in der Suppe ca. 15 Minuten, Lauch und Staudensellerie ca. 10 Minuten garen. Salzen, pfeffern und gehackte Petersilie einstreuen.

Pot au feu

EINKAUF

Ochsenbein (ca. 750 g)
Ochsenbein oder Beinfleisch vom Rind (auch Vorder- oder Hinterhesse) wird in 4 bis 5 cm dicke sogenannte Beinscheiben geschnitten. Die Beinscheiben der Hinterhesse sind meist größer und fleischiger. Preiswerte Alternative: Querrippe.

Möhren (ca. 700 g)
1 große Stange Lauch
3 Zwiebeln
Kartoffeln (ca. 700 g)
Eine mittlere, vorwiegend festkochende Sorte, die nicht zerfällt.

1 Bund glatte Petersilie
Ersatzweise: Krause Petersilie. Die Stiele der Petersilie nicht wegwerfen, sondern zur Geschmacksintensivierung mitkochen.

ZUTATEN

750 g Ochsenbein
700 g Möhren
1 Stange Lauch (ca. 350 g)
3 Zwiebeln (ca. 150 g)
700 g Kartoffeln
1 Bund glatte Petersilie
ca. 2,5 – 3 l Wasser
Salz, Pfeffer

Garniervorschlag:
Einige Petersilienblätter.

GERÄTE

großer Kochtopf
Litermaß
Schneidbrett
Messer
Gabel oder Fleischgabel
Schaumkelle

ZEIT

Vorbereitung:
ca. 30 Minuten.
Zubereitung:
ca. 4 Stunden, davon ca. 3 Stunden reine Garzeit.
Schnellkochtopf:
ca. 1 Stunde.

KALORIEN/JOULE
pro Person
ca. 460 kcal/1930 kJ

VORBEREITUNG

1. Möhren waschen und schälen. Möhrenschalen beiseite legen.
2. Lauch putzen und waschen. Wurzelansatz abschneiden, wegwerfen oder mit auskochen.
3. Zwiebeln vierteln.
4. Kartoffeln schälen und mit kaltem Wasser bedecken, damit sie nicht grau werden.
5. Petersilienblätter von den Stielen zupfen. Stiele beiseite legen. Blätter erst kurz vor dem Essen fein schneiden.

ZUBEREITUNG POT AU FEU

1. Ochsenbeinscheiben in 2,5 — 3 l kaltes Wasser legen.

2. Kochplatte auf starke Hitze schalten.

3. Dunkle Lauchblätter abschneiden, mit den Möhrenschalen zugeben.

4. Petersilienstiele ebenfalls zum Fleisch geben. Alles aufkochen.

5. Im offenen Topf bei geringer Hitze ca. 3 Stunden köcheln lassen.

6. Zwischendurch den Schaum abschöpfen. Brühe leicht salzen.

7. Ochsenbein herausheben, abtropfen lassen, Fleisch abschneiden.

8. Lauch und Möhren in dicke Scheiben schneiden. Kartoffeln würfeln.

9. Das ausgekochte Gemüse aus der Brühe heben und wegwerfen.

10. Fleischscheiben und das frische Gemüse in die Brühe geben.

11. Im offenen Topf ca. 40 Minuten bei geringer Hitze köcheln lassen.

12. Gehackte Petersilie einstreuen. Brühe pfeffern und salzen.

REZEPTVARIATION RINDERBRÜHE MIT PISTOU

1. Zubereitung des Pot au feu wie auf der linken Seite beschrieben. Brühe durch ein Sieb in einen anderen Topf gießen. Fleisch und Gemüse warm stellen.

2. Für das Pistou (Knoblauch-Kräuter-Sauce) fünf Knoblauchzehen und ein großes Bund frisches Basilikum fein schneiden. 50 g frischen Parmesan reiben.

3. Knoblauch und Basilikum (am besten mit Mörser und Stößel) zu einer Paste zerstampfen. Oder mit einem Pürierstab zerkleinern.

4. 2 EL Tomatenmark und den geriebenen Käse untermischen. 6 EL Olivenöl in kleinen Portionen (löffelweise) darunterschlagen.

5. Die Mischung mit einer halben Tasse Brühe verdünnen. In beliebiger Menge in die heiße Brühe rühren oder separat reichen.

6. Als Vorspeise mit Weißbrot und frisch geriebenem Parmesankäse servieren.

Bei Tisch

Pot au feu (sprich: Pottoföh) ist ein beliebtes Gericht der französischen Küche. Der besondere Kniff der Zubereitung: Durch das Garen im offenen Topf intensiviert sich der Geschmack, je länger die Suppe vor sich hin köchelt. Die dabei entstehende Brühe schmeckt ausgezeichnet mit Pistou (sprich Pißtu), einer französischen Knoblauch-Kräuter-Sauce. Das Gericht kann in zwei Gängen serviert werden. Brühe als Vorspeise, Fleischscheiben und Gemüse als Hauptgang.

Wenn etwas übrigbleibt

AUFBEWAHREN
Kühlschrank: 1—2 Tage. Gefriergerät: 2—3 Monate. Tip: Unaufgetaut in einen Topf geben. Bei geringer Hitze auftauen und erwärmen.

FLEISCH-GEMÜSE-RAGOUT
1. Restliches Fleisch und Gemüse abtropfen lassen (Brühe dabei auffangen) und würfeln.
2. Etwas Butter in einem Topf bei mittlerer Hitze zerlassen und zwei feingehackte Zwiebeln darin glasig dünsten.
3. Mit dem Schneebesen 3 EL Mehl unterrühren.
4. ½ l von der Brühe und ¼ l süße Sahne zugießen. Dabei ständig rühren. Etwa 5 Minuten bei geringer Hitze leicht kochen lassen.
5. Salzen, pfeffern und mit einem Schuß Essig säuern. Fleisch und Gemüsewürfel hineingeben und erhitzen.
6. Vor dem Servieren ein Bund Schnittlauch in Röllchen schneiden und einstreuen.

Gekochte Rinderbrust mit Bouillonkartoffeln und Meerrettichsauce

EINKAUF

Dies ist ein Doppelrezept, denn beim Kochen des Fleisches entsteht eine vorzügliche Rinderbrühe.

Rinderbrust (1 kg)

Rinderbrust — kräftiges, festes Kochfleisch — ist mit Fett marmoriert und überzogen. Brustkern, „wie gewachsen", wird häufig sehr günstig angeboten. Die Brustspitze — meist fleischiger, mit weniger Knochen — gehört ebenfalls zu den preiswerten Rindfleischstücken. Die beste Wahl: Ein mäßig fettes Fleischstück, aus dem der Metzger bereits den Knochen ausgelöst hat. Ein Tip: Das äußere Fett erst beim Servieren abschneiden — die Rinderbrust bleibt so saftiger!

5 Möhren
¼ Sellerieknolle
3 Zwiebeln
2 Stangen Lauch
Kartoffeln (ca. 1 kg)

Möglichst kleine, festkochende Kartoffeln.

1 Bund Petersilie
Geriebener Meerrettich

Milden Sahnemeerrettich oder scharfen, geriebenen Meerrettich (Glas, Tube oder frisch).

Süße Sahne (⅛ l)
Crème fraîche (100 g)

ZUTATEN

Rinderbrust

1 kg Rinderbrust
5 Möhren (ca. 400 g)
¼ Sellerieknolle
(ca. 300 g)
3 Zwiebeln (ca. 150 g)
2 Stangen Lauch
(ca. 500 g)
1 Bund Petersilie
Salz, Pfeffer

Bouillonkartoffeln

1 kg Kartoffeln
½ l Rinderbrühe

Meerrettichsauce

100 g Crème fraîche
1–2 EL geriebener Meerrettich
⅛ l süße Sahne
Salz, Pfeffer

Garniervorschlag:
Gehackte Petersilie oder geraspelter frischer Meerrettich.

GERÄTE

2 Kochtöpfe (ein großer)
Litermaß
2 Rührschüsseln
Schneidbrett
Schneebesen
Messer
Gabel oder Fleischgabel
Eßlöffel
Schöpfkelle
Schaumkelle
Elektrisches
Handrührgerät

ZEIT

Vorbereitung:
ca. 40 Minuten.

Zubereitung:
ca. 4½ Stunden, davon 2–3 Stunden reine Kochzeit.

Schnellkochtopf:
ca. ¾–1 Stunde.

KALORIEN/JOULE

pro Person

Rinderbrust:
ca. 610 kcal/2560 kJ

Bouillonkartoffeln:
ca. 180 kcal/760 kJ

Meerrettichsauce:
ca. 170 kcal/710 kJ

VORBEREITUNG

Rinderbrust:
1. Möhren und Sellerie schälen und zerkleinern.
2. Zwiebeln vierteln.
3. Dunkelgrüne Lauchblätter abschneiden und zusammen mit den Stangen waschen. In Stücke schneiden.
4. Petersilienstiele abschneiden.

Bouillonkartoffeln:
Kartoffeln schälen, waschen und mit kaltem Wasser bedecken. Mit der Zubereitung etwa eine Stunde vor dem Essen beginnen.
Tip: Kartoffeln würfeln, mit Brühe von der Rinderbrust oder gekörnter Brühe und einem Bund gesäubertem, feingeschnittenem Suppengrün garen. Dadurch intensiviert sich der Bouillongeschmack.

ZUBEREITUNG GEKOCHTE RINDERBRUST

1. Fleisch in einen großen Kochtopf legen.

2. Mit kaltem Wasser bedecken.

3. Dunkelgrüne Lauchblätter und Petersilienstiele zugeben, pfeffern.

4. Kochplatte auf starke Hitze schalten.

5. Nach dem Aufkochen den Schaum abschöpfen.

6. Kochplatte auf geringe Hitze zurückschalten.

7. Ohne Deckel bei geringer Hitze sanft kochen lassen.

8. Je nach Fleischqualität 2–3 Stunden garen.

9. Das ausgekochte Gemüse herausheben und wegwerfen.

10. Garprobe: Gabel muß ohne Widerstand ins Fleisch gleiten.

11. Lauch-, Möhren-, Zwiebel- und Selleriestücke in die Brühe geben. Würzen.

12. 1 Stunde weitergaren. Abgetropftes Fleisch aufschneiden.

ZUBEREITUNG BOUILLONKARTOFFELN (1–3)
ZUBEREITUNG MEERRETTICHSAUCE (4–6)

1. Geschälte, abgetropfte Kartoffeln in einen Topf geben.

2. ½ l Brühe von der Rinderbrust darübergießen.

3. Aufkochen und zugedeckt bei geringer Hitze ca. 40–50 Min. garen.

4. Crème fraîche und geriebenen Meerrettich in einer Schüssel verrühren.

5. Sahne mit dem elektrischen Handrührgerät steif schlagen.

6. Sahne unter die Meerrettichcreme rühren, pfeffern und salzen.

Bei Tisch

Rinderbrust mit Bouillonkartöffelchen und Meerrettichsauce ist auch ein kerniges Gastmahl. Dafür die Rinderbrühe als Vorspeise mit einem rohen Eigelb verfeinern. Vor dem Servieren das Fleisch aufschneiden, und zwar immer quer zur Faser, sonst zerfällt es und die Scheiben sehen zerrupft aus. Als Beilage zum Fleisch wird das Gemüse aus der Brühe serviert. Nach dem gleichen Rezept läßt sich auch Tafelspitz, die österreichische Spezialität, zubereiten. Dafür braucht man allerdings ein mageres und entsprechend teureres Fleischstück aus der Rinderhüfte (auch Hüftdeckel oder Tafelspitze genannt).

Wenn etwas übrigbleibt

Kühlschrank: 1–2 Tage. Fleischscheiben mit Brühe bedecken, damit sie nicht austrocknen. Kartoffeln z. B. zu Bratkartoffeln weiterverarbeiten. Meerrettichsauce möglichst rasch verwenden. Gefriergerät: Fleischscheiben in der Brühe ca. 2–3 Monate. Unaufgetaut in einen Topf geben. Bei geringer Hitze auftauen und erwärmen.

Irish Stew

EINKAUF

Lammfleisch (1 kg)

Möglichst ein mageres Fleischstück (Nacken oder Schulter/Bug) ohne Knochen. Preiswerter, aber meist fetter ist ein Bauchlappen- oder Bruststück. Oder Hammelfleisch (strenger im Geschmack). Lammfleisch gibt's auch tiefgefroren. Auftauzeit berücksichtigen! Am besten über Nacht, zugedeckt im Kühlschrank, auftauen lassen.

Kartoffeln (1 kg)

Das Rezept erfordert eine mehligkochende Sorte.

4 Zwiebeln
1 Bund Thymian

Hocharomatisches, zartbitteres Küchenkraut aus Südeuropa. Gibt's frisch als Bund und in Töpfen oder getrocknet.
Eine interessante Geschmacksvariation: Majoran oder Rosmarin statt Thymian.

ZUTATEN

1 kg mageres Lammfleisch
1 kg Kartoffeln
4 Zwiebeln (ca. 200 g)
1 Bund Thymian
½ l Wasser
Salz, Pfeffer

Garniervorschlag:
Frischer Thymian.

GERÄTE

Kochtopf mit Metallgriffen
Litermaß
Schneidbrett
Messer
Aluminiumfolie (nicht notwendig, wenn der Topf gut schließt)

ZEIT

Vorbereitung:
ca. 40 Minuten

Zubereitung:
ca. 3 Stunden, davon ca. 2 ½ Stunden reine Garzeit.

KALORIEN/JOULE
pro Person

ca. 850 kcal/3570 kJ

VORBEREITUNG

1. Lammfleisch in ca. 1 cm dicke Scheiben schneiden. Sehr fette Teile entfernen (abschneiden).
2. Zwiebeln halbieren und in Scheiben (halbe Ringe) schneiden.
3. Thymianblättchen von den Stielen zupfen.
4. Kartoffeln schälen, waschen und mit kaltem Wasser bedecken, damit sie nicht grau werden. Erst kurz vor der Verwendung in Scheiben schneiden.
5. Ein Stück Aluminiumfolie — etwas größer als der Kochtopf-Durchmesser — bereitlegen.

ZUBEREITUNG IRISH STEW

1. Alle Zutaten griffbereit zusammenstellen.

2. Den Backofen auf 200 Grad vorheizen.

3. Boden des Kochtopfes mit Kartoffelscheiben auslegen.

4. Die Hälfte der Zwiebelscheiben darauf verteilen.

5. Fleischscheiben dicht nebeneinander auf die Zwiebeln legen.

6. Mit Thymian bestreuen. Salzen und pfeffern.

7. Restliche Zwiebelringe auf dem Fleisch verteilen.

8. Eine weitere Lage Kartoffeln, Gewürze und ½ l Wasser dazugeben.

9. Topf mit Aluminiumfolie verschließen.

10. Folie am Rand sorgfältig festdrücken, Deckel auflegen.

11. Auf die unterste Schiene in den vorgeheizten Backofen schieben.

12. Etwa 2 ½ – 3 Stunden garen. Nach 2 Stunden erste Garprobe machen.

REZEPTVARIATION MIT WEISSKOHL

1. 500 g geputzten Weißkohl zunächst in dicke Scheiben und dann quer in Stücke schneiden.

2. Kartoffel-, Zwiebel- und Fleischscheiben, wie auf der linken Seite unter den Punkten 1—5 beschrieben, in den Topf schichten.
Mit Kümmel würzen, salzen und pfeffern.

3. Weißkohl darüberschichten. Übrige Zubereitung wie auf der linken Seite unter den Punkten 7—12 beschrieben.

Bei Tisch

Irish Stew (sprich: Eirisch stjuh) ist ein einfacher, typisch irischer Winter-Eintopf. Es wird traditionell im gleichen Gefäß serviert, in dem es zubereitet worden ist (z. B. in einem Tontopf). Bei der Zubereitung kommt es darauf an, daß der Topf während des langsamen Garziehens fest verschlossen bleibt. Nur dann verbindet sich das Thymianaroma richtig mit Fleisch und Kartoffeln.

Wenn etwas übrigbleibt

AUFBEWAHREN
Kühlschrank: 1 Tag.
Einfrieren nicht empfehlenswert: Geschmack verändert sich, Kartoffeln zerfallen durch erneutes Erhitzen.

WIRSINGEINTOPF
1. Einen kleinen Wirsingkohl (ca. 500 g) putzen, waschen, und die abgetropften Blätter in dicke Streifen schneiden.

2. 500 g Kartoffeln schälen, waschen und grob würfeln.
3. 150 g geräucherten, durchwachsenen Speck würfeln.
4. Zwei Knoblauchzehen fein würfeln.
5. Knoblauch mit zwei gewürfelten Zwiebeln in 2 EL Öl andünsten. Speckwürfel zugeben und mitdünsten.
6. Kartoffelwürfel und Wirsingstreifen hineingeben und ¼ l Brühe aufgießen. Aufkochen.

7. Zugedeckt ca. 20 Minuten bei geringer Hitze garen. Salzen, pfeffern.
8. Restliches Irish Stew dazugeben, umrühren und abschmecken.

Spareribs mit Teufelssauce

EINKAUF

Schweinerippchen (2 kg)
Der Knochenanteil ist hoch, deshalb möglichst fleischige einzelne Rippchen verlangen.

Knoblauch (2 Zehen)
Tomatenketchup (½ l)
Variante: Passierte Tomaten (500 g). Als fertige Packung im Handel.

Rosmarin
Immergrüner, in Mittelmeerländern wildwachsender Strauch. Duftet und schmeckt durchdringend würzig-aromatisch. Gibt's frisch als Zweig und in kleinen Töpfen oder getrocknet.

Öl (⅛ l)
Sojasauce
Wesentlicher Bestandteil dieses Gerichtes. Hocharomatische, aus Sojabohnen hergestellte ostasiatische Würzsauce. Beste Wahl: Natürlich gebraute Sojasauce ohne Konservierungsstoffe.

Paprikapulver (edelsüß)
Cayennepfeffer
Rötliches, brennend scharfes Würzpulver.

Flüssiger Bienenhonig

ZUTATEN

Spareribs

2 kg Schweinerippchen
⅛ l Öl
4 EL Edelsüßpaprika
2 Knoblauchzehen
1 TL Rosmarin
8 EL Sojasauce
4 EL flüssiger Bienenhonig (ca. 80 g)
Salz, Pfeffer

Teufelssauce

½ l Tomatenketchup
2 EL Essig
1 TL Zucker
1 Msp Cayennepfeffer
Salz

GERÄTE

Litermaß
Schneidbrett
2 Schälchen
Messer
Gabel oder Fleischgabel
Eßlöffel
Teelöffel
Küchenpinsel
Teller

ZEIT

Vorbereitung:
ca. 10 Minuten.

Zubereitung:
ca. 5 Stunden, davon ca. 4 Stunden Marinierzeit und 45 Minuten reine Garzeit.

KALORIEN/JOULE

pro Person
Spareribs:
ca. 1500 kcal/6300 kJ
Teufelssauce:
ca. 140 kcal/590 kJ

VORBEREITUNG

Spareribs:
1. Knoblauchzehen fein würfeln.
2. Rippchen mit Küchenpapier trockentupfen.
Tip: Die Rippchen können schon am Vortag mariniert (Phasenfotos 1—6) werden. Abgedeckt im Kühlschrank über Nacht durchziehen lassen, dann werden sie besonders zart und würzig.

Teufelssauce:
Die Sauce ist schnell zubereitet und hält sich sehr gut. Kann auch am Vortag hergestellt werden.

ZUBEREITUNG SPARERIBS

1. Öl in ein Schälchen gießen.

2. Knoblauchwürfel und Edelsüßpaprika unterrühren.

3. Sojasauce in die Würz-Öl-Mischung gießen.

4. Rosmarinblättchen zugeben.

5. Haut an den Rippchenknochen einschneiden. Rippchen pfeffern.

6. Dick mit der Marinade einstreichen.

7. Mit Folie abgedeckt mindestens 4 Stunden durchziehen lassen.

8. Backofen auf 225 Grad vorheizen.

9. Rippchen auf den Bratrost über der Fettfangschale legen.

10. Honig über die Rippchen verteilen.

11. Bratrost mit der Fettfangschale darunter in den Backofen schieben.

12. 45 Minuten braten. Nach 10 Minuten auf 200° herunterschalten.

ZUBEREITUNG TEUFELSSAUCE

1. Tomatenketchup oder passierte Tomaten mit 2 EL Essig verrühren.

2. 1 TL Zucker und 1 Msp Cayennepfeffer zufügen und unterrühren.

3. Zum Schluß leicht salzen, abschmecken und eventuell nachwürzen.

BEILAGENVORSCHLAG KNOBLAUCHBAGUETTE

1. Eine Baguette etwa in 10-cm-Abständen schräg ein-, aber nicht durchschneiden.

2. Auf Aluminiumfolie legen. Zwei gewürfelte Knoblauchzehen und 50 g Butter in Flöckchen in die Einschnitte verteilen.

3. Folie gut verschließen. Bei 200 Grad im vorgeheizten Backofen ca. 20 Minuten backen.

Bei Tisch

Spareribs (sprich: sspär-ribs) — eine südamerikanische Spezialität — sind auch ein ideales Partyessen. Vor allem im Sommer, wenn man sie auf dem Holzkohlegrill zubereiten kann. Ausreichend Papierservietten zum Anfassen der Rippchen und Teller für die Knochen bereitstellen.
Andere Beilagen: Reis, Brötchen, gemischter Salat. Passendes Getränk dazu: roter Landwein.

Wenn etwas übrigbleibt

AUFBEWAHREN

Kühlschrank: mariniert und ungebraten 4–5 Tage, gebraten 1–2 Tage.
Gefriergerät: mariniert und ungebraten, einzeln in Folie eingeschlagen 2–3 Monate.
Gefroren in den Backofen legen. Garzeit verlängert sich um etwa 20 Minuten.

ÜBERBACKEN

1. Fleisch von den restlichen Rippchen abschneiden. In mundgerechte Stücke zerteilen.
2. Backofen auf 200 Grad vorheizen. Fleisch in eine gefettete feuerfeste Form schütten.

3. ⅛ l Milch mit 3 EL Mehl und drei Eiern zu einem glatten Teig verrühren.
4. Mit je 2 EL Sojasauce und Edelsüßpaprika würzen. Salzen und pfeffern.
5. Über das Fleisch gießen und alles im vorgeheizten Backofen in ca. 35 Minuten goldbraun backen.

Lammkeule

EINKAUF

1 Lammkeule (ca. 2,5 kg)
Hat von allen Teilstücken des Lamms das magerste Fleisch und den geringsten Knochenanteil. Den sogenannten „Flügelknochen" vom Metzger auslösen lassen, denn er behindert das Aufschneiden. Der lange Knochen darf jedoch nicht abgesägt werden! Preiswerte Variante: Tiefgefrorene Lammkeule. Gibt's öfter im Sonderangebot. Auftauzeit berücksichtigen!
Am besten über Nacht zugedeckt im Kühlschrank auftauen lassen.

Thymian
Im Geschmack intensives, aber nicht scharfes Küchenkraut aus Südeuropa.

Rosmarin
Würziger, leicht harziger Geschmack. Ideales Gewürz für Lammgerichte.

Basilikum
Frische Basilikumblättchen haben ein feines, süßlich-scharfes Aroma.

Petersilie
Alle Kräuter können sowohl frisch als auch getrocknet verwendet werden.

Knoblauch (3 Zehen)

ZUTATEN
für 6 Personen

1 Lammkeule (ca. 2,5 kg)
4 – 5 EL frische oder getrocknete Kräuter (Thymian, Rosmarin, Basilikum, Petersilie)
4 EL Öl
3 Knoblauchzehen
¼ l Wasser
Salz, Pfeffer

Garniervorschlag:
Rosmarin und Thymian

GERÄTE
Litermaß
Schälchen
Schneidbrett
Messer
Eßlöffel
Aluminiumfolie
Geschirrhandtuch
Bratenthermometer
(in Haushaltswarengeschäften erhältlich)

ZEIT
Vorbereitung:
ca. 10 Minuten.
Zubereitung:
ca. 3 Stunden,
davon ca. 1½ Stunden Marinierzeit und
ca. 1 Stunde reine Garzeit.

KALORIEN/JOULE
pro Person
ca. 940 kcal/3950 kJ

VORBEREITUNG
1. Knoblauchzehen fein würfeln.
2. Frische Kräuter von den Stielen zupfen und fein schneiden.
Tip: Die Lammkeule kann auch schon am Vortag mit der Kräuter-Öl-Mischung bestrichen werden. Zugedeckt im Kühlschrank über Nacht durchziehen lassen. (Siehe Phasenfotos auf der nächsten Seite unter den Punkten 1 – 3.) Die Lammkeule wird dann besonders zart und würzig.

ZUBEREITUNG LAMMKEULE

1. Öl, Thymian, Rosmarin, Petersilie und Basilikum mischen.

2. Knoblauchwürfel zugeben und unterrühren.

3. Keule mit der Würz-Öl-Mischung bestreichen, 1½ Stunden marinieren.

4. Backofen auf 225 Grad vorheizen.

5. Lammkeule auf der Fettfangschale in den Backofen schieben.

6. Etwa 20 Minuten bei 225 Grad braten.

7. ¼ l Wasser in die Fettfangschale gießen.

8. Backofentemperatur auf 175 Grad herunterschalten.

9. Lammkeule etwa 40 Minuten weiterbraten.

10. In Abständen immer wieder mit dem Bratenfond begießen.

11. Garprobe mit Bratenthermometer: 60 Grad rosa, 80 Grad durchgebraten.

12. Braten in Aluminiumfolie hüllen und 10 Minuten ruhen lassen.

BEILAGENVORSCHLAG GRÜNE BOHNEN

1. Grüne Bohnen putzen und waschen (150– 200 g pro Person).

2. Reichlich Wasser in einem Topf bei starker Hitze aufkochen. Leicht salzen.

3. Bohnen hineinschütten. Bei geringer Hitze 5–10 Minuten garen.

4. Bohnen in ein Sieb schütten und kalt abbrausen.

5. Abtropfen lassen. 4 EL Butter in einem Topf bei mittlerer Hitze schmelzen.

6. Abgetropfte Bohnen hineinschütten, erhitzen, salzen und pfeffern.

Bei Tisch

Wichtig, bevor der Braten serviert wird: Garprobe mit einem Fleischthermometer, wie auf der linken Seite beschrieben. Ersatzweise einen langen Metallspieß (Schaschlikspieß) an der dicksten Stelle der Keule einstechen. Nach einigen Sekunden herausziehen. Die Spitze des Spießes muß sich lauwarm anfühlen. Dann ist das Fleisch rosa – die klassische Garstufe für Lamm. Faustregel: Je 500 g Fleisch ca. 15 Minuten Bratzeit rechnen.
Vor dem Aufschneiden muß die Keule mindestens 10 Minuten ruhen, sonst läuft der Fleischsaft beim Anschneiden heraus. Beim Aufschneiden – auch tranchieren genannt – geht man folgendermaßen vor: Um den langen Knochen am Ende eine Papierserviette wickeln und die Keule damit festhalten.
Vorn mit dem Schneiden beginnen und abwechselnd links und rechts möglichst dünne Scheiben (Tranchen) abschneiden. Beilagenvorschläge: Kartoffelgratin, Baguette.

Wenn etwas übrigbleibt

Kühlschrank: mariniert und ungebraten 3–4 Tage. Rosa gebraten ca. 1–2 Tage, durchgebraten 2–3 Tage. Verwendungstip: Fleischscheiben in eine feuerfeste Form schichten. ¼ l Zwiebelsauce darübergießen und alles mit geriebenem Käse bestreuen. Im vorgeheizten Backofen bei 200 Grad ca. 25 Minuten überbacken. Gefriergerät: mariniert und ungebraten 2–3 Monate. Vor dem Braten zugedeckt über Nacht im Kühlschrank auftauen lassen. Wenn die gebratene Keule eingefroren wird, kann das Fleisch beim erneuten Erhitzen leicht etwas trocken werden.

Apfelpfannkuchen

EINKAUF

Äpfel (750 g)

Beste Sorte für dieses Rezept: der säuerliche Boskop oder Cox-Orange.

1 Zitrone

Butter (80 g)

Zum Braten für die Pfannkuchen.

⅜ l Vollmilch oder süße Sahne

7 Eier

Mehl (150 g)

Sorte: Weizenmehl Type 405. Universalhaushaltsmehl. Die hellste unter den Mehlsorten. Tip: Nur 100 g Weizenmehl nehmen und den Rest durch Haferflocken ersetzen.

Zucker (ca. 110 g)

ZUTATEN

150 g Mehl
⅜ l Milch
7 Eier
50 g Zucker
1 Prise Salz
750 g Äpfel
1 Zitrone
4 EL Butter (ca. 80 g)
4 EL Zucker (ca. 60 g)

Garniervorschlag:
Zimt und Zucker.

GERÄTE

Pfanne mit Deckel (Teigmenge reicht für vier Pfannkuchen, wenn der Bodendurchmesser der Pfanne etwa 18 cm beträgt)
Litermaß
Rührschüssel
Kochlöffel
Schneebesen
Messer
Zitronenpresse

ZEIT

Vorbereitung:
ca. 15 Minuten.
Zubereitung:
ca. 30 Minuten.

KALORIEN/JOULE

pro Person
ca. 710 kcal/2980 kJ

VORBEREITUNG

1. Zitrone auspressen.
2. Äpfel schälen, vierteln und entkernen.
In dünne Spalten schneiden und mit Zitronensaft beträufeln, damit sie nicht braun werden.

ZUBEREITUNG APFELPFANNKUCHEN

1. Mehl und ⅓ der Milch zu einem dicken Brei verrühren.

2. Eier, Zucker und eine Prise Salz zugeben.

3. Restliche Milch hineinrühren. Der Teig soll dickflüssig sein.

4. Kochplatte auf mittlere Hitze schalten.

5. Je Pfannkuchen 1 EL Butter in einer Pfanne schmelzen.

6. 1 EL Zucker in das Fett streuen und goldbraun werden lassen.

7. Kochplatte auf geringe Hitze herunterschalten.

8. ¼ der Apfelspalten fächerartig in die Pfanne legen. Kurz anbräunen.

9. Mit ¼ des Teiges die Äpfel dünn bedecken. Etwa 2 Minuten braten.

10. Deckel aufsetzen. Pfanne dagegendrücken und stürzen.

11. Pfanne zurück auf die Kochplatte stellen.

12. Pfannkuchen zurück in die Pfanne gleiten lassen. 2 Minuten braten.

REZEPTVARIATION KIRSCHPFANNKUCHEN

1. 500 g gewaschene Kirschen entsteinen. Zubereitung wie unter den Punkten 1—7 auf der linken Seite beschrieben.

2. Die vorbereiteten Kirschen in die Pfanne geben und kurz darin andünsten.

3. Weitere Zubereitung wie auf der linken Seite unter den Punkten 9—12 beschrieben. Mit Puderzucker bestreuen.

REZEPTVARIATION CRÊPES

1. ¼ l Milch mit zwei Eiern und einer Prise Salz verrühren. 7 EL Mehl und 2 EL Zucker löffelweise unterrühren.

2. Wenig Fett bei mittlerer Hitze in einer Pfanne (oder Crêpes-Pfanne) schmelzen. Eine hauchdünne Teigschicht in die Pfanne gießen.

3. Crêpes mit Hilfe einer Palette (Pfannenmesser) wenden und goldbraun braten.

Bei Tisch

Apfelpfannkuchen sind ein süßes Hauptgericht. Feinschmecker-Tip: Die Hälfte des Eiweißes steif schlagen und unter die Teigmasse ziehen. Das macht die Pfannkuchen noch luftiger und zarter. Als Dessert kann der Apfelpfannkuchen vor dem Servieren mit einem Schuß Calvados (Apfelbranntwein) verfeinert werden. Die rustikalen Verwandten der französischen Crêpes (sprich: kräp) — feine hauchdünne Eierpfannkuchen — sind ein schnelles und unkompliziertes Gericht. Beilagenvorschläge: Schlagsahne, Vanillesauce oder Fruchtpüree.

Wenn etwas übrigbleibt

AUFBEWAHREN

Kühlschrank: 1—2 Tage. Pfannkuchen eignen sich nicht zum Einfrieren. Sie sind schneller zubereitet als aufgetaut.

PFANNKUCHEN-STÜCKE

1. Restliche Pfannkuchen mit zwei Gabeln in Stücke reißen. In 1 EL Butter oder Margarine in einer Pfanne bei mittlerer Hitze anbraten, dabei öfter wenden.

2. Pfannkuchenstücke dick mit Puderzucker bestreuen. Dazu Kompott oder eine Vanillesauce servieren.

Aprikosenknödel mit Aprikosenkompott

EINKAUF

2 Dosen Aprikosen
(à ca. 440 g Einwaage)
Alternative: Frische Aprikosen. Sie sind allerdings saisonabhängig (etwa von Juni bis August). Gelegentlich werden auch von Dezember bis Februar Aprikosen angeboten. Einkaufsmenge für Knödel und Kompott: ca. 1 kg Früchte.

1 Zitrone
Eine unbehandelte Zitrone kaufen!

Butter (200 g)
Vollmilch (ca. ⅛ l)
3 Eier
1 Würfel frische Hefe
Alternative: Die entsprechende Menge Trockenbackhefe verwenden. Gleich am Anfang mit dem Mehl vermischen.

Mehl (750 g)
Zucker (200 g)
Semmelbrösel (100 g)
Entweder fertig kaufen oder von trockenem Weißbrot, Brötchen oder Zwieback selbst reiben.

Zimt
Für die Bröselbutter wird gemahlener Zimt und für das Kompott Stangenzimt benötigt. Das Kompott kann aber auch mit einer Prise gemahlenem Zimt gewürzt werden.

Weißwein (¼ l)

ZUTATEN

Aprikosenknödel

750 g Mehl
1 Würfel frische Hefe (42 g)
⅛ l Vollmilch
100 g Zucker
1 Prise Salz
50 g weiche Butter
3 Eier
1 Dose Aprikosen (ca. 440 g Einwaage)
3–4 l leicht gesalzenes Wasser

Bröselbutter

150 g Butter
100 g Semmelbrösel
50 g Zucker
½ TL Zimt (gemahlen)

Aprikosenkompott

1 Dose Aprikosen (ca. 440 g Einwaage)
¼ l Weißwein
1 Zimtstange
1 Zitrone
50 g Zucker

GERÄTE

3 Kochtöpfe (1 großer)
Litermaß
Rührschüssel
Sieb
Kochlöffel
Messer
Teelöffel
Schaumkelle
evtl. elektrisches Handrührgerät mit Geschirrhandtuch
Reibe
Zitronenpresse

ZEIT

Vorbereitung:
ca. 15 Minuten.

Zubereitung:
ca. 2 Stunden, davon 1 Stunde Gehzeit für den Hefeteig.

KALORIEN/JOULE

pro Person
Aprikosenknödel:
ca. 1080 kcal/4540 kJ
Bröselbutter:
ca. 430 kcal/1810 kJ
Aprikosenkompott:
ca. 180 kcal/760 kJ

VORBEREITUNG

Aprikosenknödel:
Eine Dose Aprikosen zum Abtropfen in ein Sieb schütten (Saft anderweitig verwenden, z. B. zum Aprikosenkompott geben).
Frische Aprikosen: Früchte in kochendes Wasser tauchen (blanchieren). In kaltem Wasser abkühlen und die Haut abziehen. Halbieren und entkernen. Eine Hälfte der Früchte für das Kompott nehmen.

Bröselbutter:
Mit der Zubereitung ca. 15 Minuten vor dem Essen beginnen.

Aprikosenkompott:
1. Eine Dose Aprikosen zum Abtropfen in ein Sieb schütten. Größere Aprikosenhälften vierteln.
2. Die Schale von einer unbehandelten Zitrone abreiben. Zitrone auspressen.
Kann am Vortag zubereitet werden.

ZUBEREITUNG APRIKOSENKNÖDEL

1. Mehl in eine Rührschüssel sieben, mit Salz und Zucker mischen.

2. ⅛ l Milch lauwarm werden lassen und die Hefe hineinbröckeln.

3. Milch mit der aufgelösten Hefe in die Mehlmischung gießen.

4. Butter und Eier zugeben und alles miteinander verkneten.

5. Der Teig muß geschmeidig sein, soll aber nicht kleben.

6. Eine Stunde zugedeckt an einem warmen Ort gehen lassen.

7. Aufgegangenen Teig nochmals gut durchkneten.

8. Hefeteig auf einer bemehlten Arbeitsfläche zu einer Rolle formen.

9. In 3 cm dicke Scheiben schneiden. Je 1 Aprikosenhälfte darauflegen.

10. Teigränder hochfalten und zusammendrücken.

11. Knödel formen. Nochmals 15 Minuten gehen lassen (werden lockerer).

12. Knödel in siedendem Wasser ca. 15 Minuten garziehen lassen.

ZUBEREITUNG APRIKOSENKOMPOTT

1. Abgetropfte Aprikosen mit ¼ l Weißwein, einer Zimtstange, dem Saft und der Schale einer unbehandelten Zitrone in einen Topf geben.

2. 50 g Zucker unterrühren. Bei mittlerer Hitze zum Kochen bringen. Kochplatte auf geringe Hitze herunterschalten.

3. Etwa 2 Minuten sanft weiterkochen. Früchte dürfen nicht zerfallen! Zimtstange vor dem Servieren herausfischen.

ZUBEREITUNG BRÖSELBUTTER

1. Butter in einem kleinen Topf bei mittlerer Hitze schmelzen.

2. Semmelbrösel hineinstreuen und unter ständigem Rühren in 2 Minuten goldbraun rösten.

3. Zucker und Zimt miteinander mischen und unter die angerösteten Semmelbrösel rühren.

Bei Tisch

Aprikosenknödel, in Österreich auch Marillenknödel genannt, können als süßes Hauptgericht oder Dessert serviert werden. Die Bröselbutter gibt man über die gut abgetropften Knödel. Das Kompott schmeckt warm oder kalt dazu. Gegessen werden die Knödel mit Gabel (Kuchengabel) und Löffel. Als Füllung eignen sich ebensogut Zwetschen, Mirabellen oder Reineclauden. Feinschmecker-Tip: In die frischen, entkernten Früchte ein mit Likör getränktes Stück Würfelzucker stecken. Die Knödel schmecken sogar ungefüllt, wenn man dazu Vanillesauce, Kompott oder eine Sauce aus pürierten Früchten reicht.

Wenn etwas übrigbleibt

AUFBEWAHREN
Kühlschrank: 1—2 Tage.
Kompott 3—4 Tage.
Gefriergerät: ungekochte Knödel ca. 2—3 Monate.

Tip: Etwa 20 Minuten antauen lassen.
Dann in heißem, nicht kochenden Wasser ca. 25 Minuten garziehen lassen.

GEBRATENE KNÖDEL
Restliche kalte Knödel in Scheiben schneiden und in heißer Butter oder Margarine braten. Mit Zimt und Zucker bestreuen.

Mousse au chocolat

EINKAUF

Kuvertüre (300 g)
Eine besonders reine Schokolade. Der extra hohe Kakaobutteranteil bewirkt, daß sie vollkommen zart und klümpchenfrei schmilzt. Kuvertüre gibt's blockweise abgepackt. Als Vollmilch- oder Zartbitterkuvertüre. Ersatzweise die gleiche Menge einfache Schokolade (Tafeln) verwenden.

2 Eier
Süße Sahne (½ l)
Rum
Varianten: Gleiche Menge Orangensaft, Orangen- oder Mokkalikör.

ZUTATEN

300 g Kuvertüre
2 Eier
3 EL Rum
½ l süße Sahne

Garniervorschlag:
Schlagsahne, Schokoladenraspel und etwas Puderzucker.

GERÄTE
2 Kochtöpfe
Litermaß
Metallschüssel
Rührschüssel
Schneidbrett
Schneebesen
Messer
Eßlöffel
Elektrisches Handrührgerät

ZEIT
Vorbereitung:
ca. 15 Minuten.
Zubereitung:
ca. 1 Stunde,
davon ca. 30 Minuten reine Kühlzeit.

KALORIEN/JOULE
pro Person

ca. 880 kcal/3700 kJ

VORBEREITUNG
1. Dessertschale(n) kühl stellen.
2. Eier und Rum in eine Metallschüssel füllen.
3. Sahne in der Rührschüssel mit dem elektrischen Handrührgerät steif schlagen und in den Kühlschrank stellen.

ZUBEREITUNG MOUSSE AU CHOCOLAT

1. Kuvertüre grob stückeln, damit sie sich schneller auflöst.

2. In einen kleinen Topf schütten. ¼ l Wasser in einen breiten Topf geben.

3. Kochplatte auf geringe Hitze schalten. Wasser erhitzen.

4. Topf mit der Kuvertüre in den breiteren Topf hängen (Wasserbad).

5. Unter Rühren im heißen, nicht kochenden Wasserbad auflösen.

6. Schüssel mit Eiern und Rum ins Wasserbad stellen und aufschlagen.

7. Aufgelöste Kuvertüre in die dickliche Eierschaummasse gießen.

8. Alles gut miteinander zu einer geschmeidigen Masse verrühren.

9. Masse in die steifgeschlagene Sahne gießen.

10. Miteinander vermischen, bis sich alles gut verbunden hat.

11. Fertige Mousse in vorgekühlte Dessertschalen füllen.

12. Etwa 30 Minuten zum Festwerden kühl stellen.

REZEPTVARIATION MARMORIERTE MOUSSE AU CHOCOLAT

1. Zubereitung wie auf der linken Seite unter den Punkten 1—8 beschrieben.

2. Sahne ungleichmäßig (!) in die Ei-Schokoladen-Masse rühren.

3. Wie beschrieben in Dessertschalen füllen und kühl stellen.

REZEPTVARIATION WEISSE MOUSSE AU CHOCOLAT

1. Statt dunkler Kuvertüre weiße Schokolade in Stücke brechen.

2. Weitere Zubereitung wie auf der linken Seite unter den Punkten 2—12 beschrieben.

3. Mit dunklen Schokoladenraspeln oder -streuseln verzieren.

Bei Tisch

Die Mousse au chocolat (sprich: mußo-schokola) ist eine nicht nur in Frankreich populär gewordene Nachspeise. Freilich ist sie eine Kalorienbombe.
Servier-Tip: Die Mousse zum Festwerden in eine längliche Schale füllen und zum Servieren „abschaben". Dazu einen Eßlöffel in heißes Wasser tauchen. Den Löffel am einen Ende der Schale etwa 2 cm tief in die Mousse stechen und zur anderen Seite ziehen. Dabei rollt sich die Creme dekorativ auf.

Wenn etwas übrigbleibt

AUFBEWAHREN

Kühlschrank: 1—2 Tage. Gefriergerät: 2 Wochen. Tip: Vor dem Servieren ca. 2 Stunden antauen lassen. Einen Eßlöffel in heißes Wasser tauchen und ovale Portionen abstechen.

FÜR TÖRTCHEN

Mousse in einen Spritzbeutel füllen. Auf kleine Mürbeteig-Törtchen verteilen und mit Obst garnieren.

ALS FÜLLUNG

Mousse auf dünne Eierpfannkuchen streichen. Vorsichtig aufrollen und mit Puderzucker bestreuen.

Register

A
Abdämpfen 12
Ablöschen 12
Abschäumen 12
Abschmecken 12
Abschrecken 12
Aceto Balsamico
  s. Essig 31
Ackersalat
  s. Feldsalat 151
Anbraten 12
Anna-Kartoffeln 65
Anrösten 12
Anschwitzen 12
Apfelpfannkuchen
  218 – 221
— Crêpes 221
— Kirschpfannkuchen 221
— Pfannkuchenstücke 221
Aprikosen 223
Aprikosenknödel mit
  Aprikosenkompott
  222 – 225
— Aprikosenkompott
  223, 225
— Bröselbutter 223, 225
— Gebratene Knödel 225
Auberginen 35
—, gefüllt 145
—, mariniert 34 – 37
Aufgießen 12
Auflauf, Nudel- 90 – 93
Auflaufform 12
Ausbacken 12
Ausbraten
  s. Auslassen 12
Auslassen 12
Ausquellen 12

B
Bachforelle s. Forelle 103
Backen 13
Baguette
—, Knoblauch- 129, 213
Bambussprossen 171
Basilikum 39
Basilikum-Tomaten-Salat
  87, 89
Binden 13
Bismarckheringe 95
Blätterteigstangen 197
Blanchieren 13
Blaukraut s. Rotkohl 187
Blaumuscheln s. Miesmuscheln 107
Blumenkohl 71
Blumenkohl mit Bröselbutter, Frikadellen und
  Salzkartoffeln 70 – 73
— Blumenkohlsuppe 73
— Bröselbutter 71, 72
— Frikadellen 71, 73
— Kartoffel-Frikadellen-Pfanne 73
— Salzkartoffeln 71, 73
Blumenkohl putzen 27
Bohnen, grüne 217
Bohnen waschen und
  entfädeln 26
Bologneser Sauce 83, 84
Bouillonkartoffeln
  203, 205
Braten
— entspannen 21
—, Schweine- 190 – 193
Braten 13
Bratenthermometer 13
Bratkartoffeln 139, 141
Brett, Schneid- 15
Bröselbutter
  71, 72, 223, 225
Brokkoli 59
— putzen und
  zerkleinern 27
Brühe
—, entfetten
  s. Bei Tisch 117
—, Hühner- 114 – 117
—, Rinder- 201
Butter
—, Brösel- 71, 72, 223, 225
—, geklärte 101
—, Kräuter- 161
—, Kräuter-Ei- 67, 69
Butternudeln 183, 185

C
Champignons 131
Chili 175
Cordon bleu 153
Crème fraîche s.
  Süße Sahne 59
Crêpes 221
Curryhuhn mit Reis
  118 – 121
— Currytoast 121
— Gefüllte Blätterteigtaschen 121
— Reis 119, 121
Currypulver 119

D
Dorsch s. Kabeljau 99
Dressing 13
—, Öl-Essig- 32
Dünsten 13
Durchschlag s. Sieb 15

E
Ei 75
—, gekocht 31, 32
—, pochiert 75, 76
Ei-Kräuter-Butter 67, 69
Eier trennen 22
Eierpfannkuchen
  s. Bei Tisch 221
Eierschwamm s. Pfifferlinge 79
Eierstich 115, 117
Eintopf, Linsen- 50 – 53
Einweichen 13
Einkochen 13
Eipick 13
Eisbergsalat 31
Eischneider 13
Eissalat s. Eisbergsalat 31

230

Endivie 163
Endiviensalat 163, 165
Erbsen 43
Erbsen-Möhren-Gemüse 155, 156
Erbsensuppe mit gerösteten Weißbrotwürfeln 42—45
— Erbsen-Käse-Sauce 45
— Geröstete Weißbrotwürfel 43, 45
— Kartoffel-Erbsen-Püree 45
— mit Minze 45
Essen
— des Spargels 69
— mit Stäbchen 173
Essig 31
Essig-Öl-Dressing 32
Estragon 103

F

Feldsalat 151, 153
Filet
—, Putenbrust- 122—125
—, Rinder- s. Filetsteak 158
—, Rotbarsch- 111
—, Seelachs- s. Rotbarschfilet 111
Filetieren der Forellen 105
Filetsteak mit Folienkartoffeln und provenzalischer Tomate 158—161
— Folienkartoffeln 159, 161
— Kräuterbutter 161
— Provenzalische Tomaten 159, 161
Fischbesteck 101
Fleisch
—, Lamm- 207
—, Reis- 174—177
—, Schweine- 171, 191
Fleischgabel 13
Fleischklößchen 39, 41
Fleischklopfer 13
Folienkartoffeln 159, 161

Forelle 103
—, Bach- 103
— filetieren s. Bei Tisch 105
—, Regenbogen- 103
Forelle in Folie 102—105
— Petersilienkartoffeln 105
Frikadellen 71, 73
—, Reis- 113
Frikadellen mit Kartoffelsalat 134—137
— Hamburger 137
— Häppchen 137
— Kartoffelsalat 135, 137
Fritieren 12
Füllung-, Reis-Hackfleisch- 143, 144

G

Garprobe des Bratens 217
Garziehen 13
Gebratenes Rotbarschfilet mit Tomatensauce und Pilaw 110—113
— Mariniertes Fischfilet 113
— Reisfrikadellen 113
— Pilaw 111, 113
— Tomatensauce 111, 112
Geflügelschere 13
Gefüllte Auberginen 145
Gefüllte Paprikaschoten in Tomatensauce 142—145
— Gefüllte Auberginen 145
— Paprika-Reis-Topf 145
— Reis-Hackfleisch-Füllung 143, 144
— Tomatensauce 143, 144
— Überbackene Paprika 145
Gefüllte Poularde 130—133

— Geflügelsalat Hawaii 133
— mit süßer Füllung 133
Geklärte Butter 101
Gekochte Kartoffeln pellen und zerkleinern 29
Gekochte Rinderbrust mit Bouillonkartoffeln und Meerrettichsauce 202—205
— Bouillonkartoffeln 203, 205
— Meerrettichsauce 203, 205
— Tafelspitz s. Bei Tisch 205
Gemischter Salat 30—33
— Gekochtes Ei 31, 32
— Öl-Essig-Dressing 32
— Rezeptvariation 33
— Rohkostvariation 33
Gemüse-, Erbsen-Möhren- 155, 156
Gemüsegratin 58—61
— Spinatgratin 61
Geröstete Weißbrotwürfel 43, 45
Geschnetzelte Leber 149
Geschnetzeltes-, Zürcher 162—165
Gewürznelke 195
Glasig werden lassen 13
Gratin
—, Gemüse 58—61
—, Kartoffel- 62—65
—, Kartoffel-Möhren- 65
—, Spinat- 61
Gratinieren 13
Grüne Bohnen 217
Gulasch-, Rinder- 182—185
Gurken-Knoblauch-Quark s. Tzatziki 169
Gyros mit Krautsalat und Tzatziki 166—169
— Krautsalat 167, 168
— Tzatziki 167, 169
— Weißkohleintopf 169

H

Hackfleisch 135
Hackfleisch-Reis-Füllung 143, 144
Hähnchenschenkel
—, mariniert 126—129
Hartkäse 47
Herd
—, Elektro- 20
—, Gas- 20
Hering
—, Bismarck- 95
—, Matjes- 95
Heringstopf „Hausfrauenart" mit Pellkartoffeln 94—97
— Bratkartoffeln 97
— Heringstopf auf Brot 97
— Pellkartoffeln 95, 97
Herzoginkartoffeln 123, 125
Hühnerbrühe mit Eierstich 114—117
— Eierstich 115, 117
— Hühnerfrikassee 117
Huhn
—, Curry- 118—121
—, Suppen- 115

I

Irish Stew 206—209
— Rezeptvariation mit Weißkohl 209
— Wirsingeintopf 209

K

Kabeljau 99
Kabeljaukotelett
—, pochiert 98—101
Käse
—, Hart- 47
—, Parmesan- 85
Kalbsleber mit Apfelspalten und Kartoffelpüree 146—149
— Feinschmecker-Tip 149

— Geschnetzelte Leber 149
— Kartoffelpüree 147, 149
— Leber „Berliner Art" s. Bei Tisch 149
Kalbsschnitzel 151
Kartoffel-Möhren-Gratin 65
Kartoffelgratin 62—65
— Anna-Kartoffeln 65
— Kartoffel-Möhren-Gratin 65
Kartoffelknödel 187, 189
Kartoffeln
—, Anna- 65
—, Brat- 139, 141
—, Bouillon- 203, 205
—, gekocht, pellen und zerkleinern 29
—, Herzogin- 123, 125
—, Pell- 95, 97
—, Petersilien- 105
—, Salz- 71, 73, 99, 101
— schälen und waschen 28
Kartoffelpresse 14
Kartoffelpüree 75, 77
Kartoffelsalat 135, 137
Keule-, Lamm- 214—217
Kirschpfannkuchen 221
Klößchen-, Fleisch- 39, 41
Knoblauch schälen und zerkleinern 24
Knoblauch-Gurken-Quark s. Tzatziki 169
Knoblauch-Kräuter-Sauce s. Pistou 201
Knoblauchbaguette 213
Knoblauchpresse 14
Knödel
—, Aprikosen 222—225
—, Kartoffel- 187, 189
—, Marillen- s. Aprikosenknödel 225
—, Semmel- 79—81
Kochen 14
Köcheln 14
Kohl

—, Blumen- 71
—, Rosen- 191, 193
—, Rot- 187, 189
—, Weiß- 139
Kohlrouladen mit Bratkartoffeln 138—141
— Bratkartoffeln 139, 141
— Weißkohlgemüse 141
Kompott-, Aprikosen- 223, 225
Kotelett
—, Kabeljau- 98—101
Kotelett mit Erbsen-Möhren-Gemüse und Salzkartoffeln 154—157
— Erbsen-Möhren-Gemüse 155, 156
— Geschnetzeltes 157
— Leipziger Allerlei s. Bei Tisch 157
Krachsalat s. Eisbergsalat 31
Kräuter-Ei-Butter 67, 69
Kräuter-Knoblauch-Sauce s. Pistou 201
Kräuterbutter 161
Krautsalat 167, 168
Küchengarn 14
Kümmel 47
Kuvertüre 227

L

Lammfleisch 207
Lammkeule 214—217
— Grüne Bohnen 217
Langkornreis 179
Lauch putzen und zerkleinern 29
Leber 147
— „Berliner Art" s. Bei Tisch 149
—, Feinschmecker-Tip 149
—, geschnetzelt 149
—, Kalbs- 146—149
Legieren 14, 21
Leipziger Allerlei s. Bei Tisch 157

Linsen 51
Linseneintopf mit
  Kochmettwurst 50—53
— Linsengemüse 53
— Linsen mit Nudeln 53
— Linsensuppe 53
Litermaß 14

M

Marillenknödel s.
  Aprikosenknödel 225
Marinieren 14
Marinierte Auberginen
  mit Röstbrot 34—37
— Champignon-Auber-
  ginen-Salat 37
— Marinierte Paprika-
  schoten 37
— Marinierte Zucchini 37
Marinierte Hähnchen-
  schenkel aus dem
  Backofen mit Pommes
  frites 126—129
— Exotische Geflügel-
  pfanne 129
— Knoblauchbaguette
  129
— Pommes frites 127, 129
Marinierte Paprika-
  schoten 37
Marinierte Zucchini 37
Maronenröhrling 79
Maßangaben-, Abkürzun-
  gen für 20
Matjeshering s.
  Bismarckhering 95
Meerrettichsauce
  203, 205
Meßbecher 14
Messer 14
Miesmuscheln 106—109
— Gebratene Muscheln
  109
— Muschelragout 109
— Muschelsalat 109
Möhren-Erbsen-Gemüse
  155, 156

Möhren-Kartoffel-Gratin
  65
Mousse au chocolat
  226—229
— als Pfannkuchen-
  füllung 229
— als Törtchenbelag 229
— Marmorierte Mousse
  au chocolat 229
— Weiße Mousse au
  chocolat 229
Muscheln
—, Blau- s. Miesmuscheln
  107
—, Mies- 106—109
—, Pfahl- s. Mies-
  muscheln 107
Muschelragout 109
Muskat 83

N

Nudelauflauf 90—93
— Nudelpfanne 93
— mit Schinken 93
— Sahnenudeln 93
Nudeln, Butter- 183, 185

O

Ochsenbein 199
Ochsenschwanz 195
Ochsenschwanzsuppe
  194—197
— Blätterteigstangen 197
— Gemüsesuppe 197
— Ochsenschwanzsuppe
  „Lady Curzon" 197
Öl-Essig-Dressing 32
Oliven, schwarz 31
Olivenöl 35
Orangensauce mit
  Weintrauben 123, 124
Oregano 167

P

Palen 14
Palette 14
Panieren 14

Paprikaschoten
—, gefüllt 142—145
—, mariniert 37
Parboiled Reis 179
Parmesankäse
  s. Bei Tisch 85
Passieren 14
Patnareis 179
Pellkartoffeln 95, 97
Petersilie waschen und
  hacken 26
Petersilienkartoffeln 105
Petersilienwurzel 115
Pfahlmuscheln s.
  Miesmuscheln 107
Pfannen, Material und
  Ausstattung 16—19
Pfannkuchen
—, Apfel- 218—221
—, Eier- s. Bei Tisch 221
—, Kirsch- 221
Pfeffermühle 14
Pfifferlinge 79
Pilaw 111, 113
Pilze, Rahm- 78—81
Pistou 201
Pochieren 13
Pochiertes Ei 75, 76
Pochiertes Kabeljau-
  kotelett mit Senfsauce
  und Salzkartoffeln
  98—101
— Geklärte Butter s.
  Variation 101
— Salzkartoffeln 99, 101
— Senfsauce 99, 100
Pommes frites 127, 129
Pot au feu 198—201
— Fleisch-Gemüse-
  Ragout 201
— Rinderbrühe mit Pistou
  201
Poularde 131
—, gefüllt 130—133
— mit süßer Füllung 133
Presse
—, Kartoffel- 14
—, Knoblauch- 14

Provenzalische Tomaten 159, 161
Püree, Kartoffel- 75, 77
Pürieren 14
Pürierstab 14
Putenbrustfilet mit Mandeln, Orangensauce und Herzoginkartoffeln 122—125
— Häppchen 125
— Herzoginkartoffeln 123, 125
— Orangensauce mit Weintrauben 123, 124
— Pikanter Obstsalat 125
— Safranreis s. Bei Tisch 125

R

Ragout, Muschel- 109
Rahmpilze mit Semmelknödeln 78—81
— Gebratene Knödel 81
— Pilz-Eier-Pfanne 81
— Semmelknödel 79, 81
Rapunzel s. Feldsalat 151
Ratatouillle 54—57
— Eierkuchen 57
— Fleisch-Gemüse-Pfanne 57
— Rezeptvariation 57
Reduzieren 13
Regenbogenforelle s. Forelle 103
Rehlinge s. Pfifferlinge 79
Reibe 14
Reis 171, 173
—, Langkorn- 171, 179
—, Parboiled 179
—, Patna- 179
—, Safran- s. Bei Tisch 125
Reis-Hackfleisch-Füllung 143, 144
Reisfleisch
—, Serbisches 174—177
Reistimbal 121

Rinderbrühe mit Pistou 201
Rinderbrust, gekocht 202—205
Rinderfilet s. Filetsteak 158
Rindergulasch mit Butternudeln 182—185
— Butternudeln 183, 185
— Gulaschsuppe 185
Rinderroulade mit Rotkohl und Kartoffelknödeln 186—189
— Kartoffelknödel 187, 189
— Rotkohl 187, 189
Rippchen, Schweine- 211
Rösti 163, 165
Rohkostsalat 33
Rosenkohl 191, 193
Rosmarin 211
Rotbarschfilet 111
—, gebraten 110—113
Rotkohl 187, 189
— putzen und zerkleinern 28
Rotkraut s. Rotkohl 187
Rouladen
—, Kohl- 138—141
—, Rinder- 186—189

S

Safran s. Bei Tisch 125
Safranreis s. Bei Tisch 125
Sahne, süße 59
Sahne-Zwiebel-Suppe 49
Salat
—, Acker- 151
—, Endivien- 163, 165
—, Feld- 151, 153
—, gemischter 30—33
—, Kartoffel- 135, 137
—, Kraut- 167, 168
—, Tomaten-Basilikum- 87, 89
Salzkartoffeln 71, 73, 99, 101, 155, 157, 191, 193
Sambal Oelek 35

Sauce
—, Bologneser 83, 84
—, Knoblauch-Kräuter- 201
—, Meerrettich- 203, 205
—, Orangen- 123, 124
—, Senf- 99, 100
—, Soja- 127
—, Teufels- 211, 213
—, Tomaten- 143, 144, 111, 112
Saucen
— andicken 21
— verfeinern 21
Schaschlik mit Reis 178—181
— Bunte Reispfanne 181
— Reis 179, 181
Schaumkelle 15
Schlagen 15
Schmalz, Schweine- 163
Schmelzen s. Zerlassen 15
Schmoren 15
Schneebesen 15
Schneidbrett 15
Schneiden 15
Schnellkochtopf 15, 17
Schnitzel
—, Kalbs- 151
—, Wiener 150—153
Schöpfkelle 15
Schweinebraten mit Rosenkohl und Salzkartoffeln 190—193
— Rosenkohl 191, 193
— Salzkartoffeln 191, 193
— Überbackenes Schweinefleisch 193
Schweinefleisch süß-sauer mit Reis 170—173
— Reis 171, 173
Schweinenacken 167
Schweinerippchen 211
Schweineschmalz 163
Schwenken 15
Seelachsfilet s. Rotbarschfilet 111

Seihen 15
Sellerieknolle schälen
 und zerkleinern 25
Semmelbrösel 71, 151
Semmelknödel 79, 81
Senfsauce 99, 100
Serbisches Reisfleisch
 174—177
— Füllung für Paprika-
 schoten 177
— Mitternachtssuppe 177
— Rezeptvariation 177
Sieb 15
Sojasauce 127
Sojasprossen 171
Spaghetti mit Bologneser
 Sauce 82—85
— Bologneser Sauce
 83, 84
— Bologneser Toast 85
— Nudelsalat 85
Spareribs mit Teufels-
 sauce 210—213
— Knoblauchbaguette
 213
— Schweinefleisch
 überbacken 213
— Teufelssauce 211, 213
Spargel 67
— essen s. Bei Tisch 69
Spargel mit Schinken
 und Kräuter-Ei-Butter
 66—69
— Kräuter-Ei-Butter 67, 69
— Spargelsuppe 69
Sparschäler 15
Spinat 75
Spinat mit pochiertem Ei
 und Kartoffelpüree
 74—77
— Kartoffelpüree 75, 77
— Pochiertes Ei 75, 76
— Spinatrührei 77
— Spinatsauce 77
Spinatgratin 61
Spritzbeutel 15
Stäbchen-, Essen mit
 s. Bei Tisch 173

Steak, Filet- 158—161
Stocken lassen 15
Süße Sahne 59
Suppe
— Erbsen- 42—45
—, Ochsenschwanz-
 194—197
—, Tomaten- 38—41
—, Zwiebel 46—49
—, Zwiebel-Sahne- 49
Suppen andicken 21
Suppenhuhn 115

T

Tafelspitz s. Bei Tisch 205
Teigschaber 15
Teufelssauce 211, 213
Thermometer, Braten- 13
Thymian 55
Timbal, Reis- 121
Töpfe, Material und
 Ausstattung 16—19
Tomaten 39
— abziehen und
 entkernen 21
—, provenzalische 159, 161
Tomaten-Basilikum-
 Salat 87, 89
Tomatensauce
 111, 112, 143, 144
Tomatensuppe mit
 Fleischklößchen
 38—41
— Fleischklößchen 39, 41
— Nudeleintopf 41
—, Sauce aus 41
Tortellini 87
Tortellini in Käse-Sahne-
 Sauce mit Tomaten-
 Basilikum-Salat
 86—89
— Tomaten-Basilikum-
 Salat 87, 89
— Tortellini-Pfanne 89
— Überbackene Tortellini
 89
Tranchieren 15
Tzatziki 167, 169

U

Überbacken 13
Überbackene Zwiebel-
 suppe 46—49
— Zwiebeleintopf 49
— Zwiebel-Sahne-Suppe
 49
— Zwiebelsauce 49
Überkochen verhindern 21

W

Waage 15
Wasserbad 15
Weichen s. Einweichen 13
Weintrauben 123
Weißbrotwürfel, geröstet
 43, 45
Weißkohl 139
— putzen und zerkleinern
 s. Rotkohl putzen 28
Weißkohlgemüse 141
Wiener Schnitzel mit
 Feldsalat 150—153
— Cordon bleu 153
— Feldsalat 151, 153
Wirsing putzen und
 zerkleinern s. Rotkohl
 putzen 28

Z

Zerlassen 15
Zitrone 183
—, abreiben 23
Zucchini 55
—, mariniert 37
Zürcher Geschnetzeltes
 mit Rösti und Endivien-
 salat 162—165
— Endiviensalat 163, 165
— Rösti 163, 165
Zwiebel-Sahne-Suppe 49
Zwiebeln 47
— schälen 24
— schneiden und
 würfeln 25
Zwiebelsuppe
—, überbacken 46—49

Der Welterfolg für Fortgeschrittene

16 Kapitel, 296 Seiten, 1000 Farbfotos, 2000 Rezeptideen.
Großformat 23 x 30 cm.

Haben Sie Appetit auf mehr bekommen? Dann ergänzen Sie Ihr Wissen mit der „Neuen großen Schule" – dem erfolgreichsten, meistprämiierten und leichtesten Fortgeschrittenen-Kurs.
Als "das Buch mit dem Löffel" hat dieser Küchen-Bestseller weltweit einen geradezu legendären Ruf erlangt. Übersetzt in neun Sprachen, begeistert "KOCHEN – Die neue große Schule" inzwischen Genießer in 16 Ländern: Anfänger wie Fortgeschrittene, Hausfrauen wie Hobbyköche, Gourmets und Gastrokritiker. KOCHEN ist ein märchenhaft schönes Bilderbuch, das die kreative Lust am Kochen weckt, zugleich aber jeden Handgriff präzis beschreibt.

KOCHEN –
DIE NEUE GROSSE SCHULE
„Jetzt schon ein Klassiker".
(Süddeutsche Zeitung)

Bitte blättern Sie um!

Das Kapitel Nudeln
aus der neuen großen Schule

APPETITMACHER
Der große Kapitelauftakt als Liebeserklärung an die Nudel.

TEIG-TRICKS
Das Grundrezept für hausgemachte Nudeln mit allen Tricks und Tips. Spezialität: Spätzle.

SAUCENZAUBER
Die drei Basis-Saucen der italienischen Nudelküche und wie man sie zu einer Vielzahl variiert.

KOMBINATIONEN
30 Ideen, um Nudeln aufregend zu machen.

„Das Kochwerk der 80er Jahre" (petra)

NUDEL-MAKE-UP
Wie man Nudeln ganz einfach rot, grün oder gelb färbt und damit optisch und geschmacklich verändert.

SCHNITTMUSTER
Wie man aus dem hausgemachten Teig ein ganzes Pasta-Sortiment schneidet.

FÜLL-TIPS
Die drei besten Füllungen für Nudelteig: Schwäbisch, italienisch und chinesisch.

NUDELKUNDE
Zwölf Sorten, die man bei uns kaufen kann und wie man sie gart.

Der frischgebackene Bestseller

Ein Muß für alle Backfreunde: Das Buch mit dem Ei. Konzipiert nach dem gleichen erfolgreichen, preisgekrönten und leicht verständlichen Stufensystem wie das „Kochbuch mit dem Löffel". Dieses einmalige Backbuch verführt zu den kleinen süßen „Sünden" ebenso, wie es beweist, daß Backen auch gesund und natürlich sein kann. BACKEN bringt alles über Torten, Kuchen, Gebäck, Cremes, Pralinen, Pizzas und Brote. BACKEN macht Backen leicht!

16 Kapitel, 292 Seiten, 1000 neue Farbfotos, 2000 Rezeptideen. Großformat 23 x 30 cm.